中国职业技术教育学会
智慧旅游职业教育专业委员会推荐用书

专家指导委员会 主　任／韩玉灵
　　　　　　　　副主任／章　艺
　　　　总主编／杜兰晓

| 民宿管理与运营系列教材 |

民宿新媒体营销

MINSU XINMEITI YINGXIAO

主　编　尹　萍　郭贵荣　杨　帆
副主编　李　峰　李东旭　杨轶哲

立体化教学资源

北京·旅游教育出版社

图书在版编目（CIP）数据

民宿新媒体营销 / 尹萍，郭贵荣，杨帆主编. -- 北京：旅游教育出版社，2022.8
民宿管理与运营系列教材
ISBN 978-7-5637-4428-2

Ⅰ. ①民… Ⅱ. ①尹… ②郭… ③杨… Ⅲ. ①旅馆－服务业－网络营销－高等职业教育－教材 Ⅳ. ①F719.2

中国版本图书馆CIP数据核字(2022)第120212号

民宿管理与运营系列教材
民宿新媒体营销
尹　萍　郭贵荣　杨　帆　主　编
李　峰　李东旭　杨轶哲　副主编

总 策 划	丁海秀
执行策划	陈凤玲
责任编辑	施云峰
出版单位	旅游教育出版社
地　　址	北京市朝阳区定福庄南里1号
邮　　编	100024
发行电话	（010）65778403　65728372　65767462（传真）
本社网址	www.tepcb.com
E-mail	tepfx@163.com
排版单位	北京旅教文化传播有限公司
印刷单位	北京柏力行彩印有限公司
经销单位	新华书店
开　　本	710毫米 × 1000毫米　1/16
印　　张	10.75
字　　数	142千字
版　　次	2022年8月第1版
印　　次	2022年8月第1次印刷
定　　价	59.80元

（图书如有装订差错请与发行部联系）

民宿管理与运营系列教材
专家指导委员会、编委会

专家指导委员会

主　　任：韩玉灵
副 主 任：章　艺
委　　员：闫向军　康　年　魏　凯　卓德保　丁海秀

编委会

总 主 编：杜兰晓
执行总主编：卢静怡
委　　员（按姓氏笔画顺序排列）：

马志刚　王永盛　毛景伟　文　娅　方　晖　尹　萍　孔　杰
邓淑霞　甘飞云　叶丽芳　仝洁洁　朱　莎　伍卫军　刘　萍
刘琳琳　闫雪梅　阳淑瑗　纪文静　李　洋　李　峰　李东旭
李　华　李丽英　杨　帆　杨诗兵　杨轶哲　杨淇深　吴高红
余家富　汪　颖　沙绍举　张兆蒙　张晓旭　张懿卓　陈长春
赵永红　查　俊　柳花鹏　柳佩璐　姜录录　洪　涛　姚建园
夏　莹　徐灵枝　凌新建　郭贵荣　褚孝立　熊丹华　魏　凯

《民宿新媒体营销》编委会

主　　编：尹　萍　郭贵荣　杨　帆
副 主 编：李　峰　李东旭　杨轶哲

总序 PREFACE

随着国民经济增长、美丽乡村建设、休闲时代发展、消费市场迭代，民宿作为一种体验城乡美好生活的新生事物、新型业态，得以快速发展起来。民宿联动一产（生态农业、创意农业）、二产（建筑、装饰、制造业）、三产（旅游、度假、服务、金融业等）与城乡发展有机融合，在推动乡村振兴、共同富裕、解决"三农"问题等方面发挥着重要作用，是践行"两山理论"、实现"美丽经济"的有效载体。

民宿行业方兴未艾，不可避免地遭遇人才瓶颈问题。2021年3月，教育部全面修订职业教育专业目录。本人很荣幸地受教育部委托，作为组长牵头旅游大类中高本一体化专业目录修（制）订工作。在此过程中，由浙江旅游职业学院牵头申报了"民宿管理与运营"这个新专业并得到批准。自此，"民宿管理与运营"成为高职院校独立的专业，并于2021年9月正式开始招生。2022年7月，人社部发布了《中华人民共和国职业分类大典（2022年版）》，"民宿管家"等18个新职业位列其中。新专业、新职业需要新的教材体系支撑，"民宿管理与运营"专业亟需一套与之相匹配的专业教材。

在旅游教育出版社的邀请和大力支持下，我们开始筹划全国首套民宿管理与运营系列教材的编写与出版工作。2021年6月，浙江旅游职业学院承办了民宿管理与运营系列教材论证会，牵头组织了一个多行业、多学科的专家团队，全国有浙江旅游职业学院、青岛酒店管理职业技术学院、山东旅游职业学院、南京旅游职业学院、浙江警察学院、云南旅游职业学院、郑州旅游职业学院、北京财贸职业学院、浙江商业职业技术学院等14所院校参与了本套教材研讨与编写工作。此外，我们还邀请了浙江省文化和旅游厅、中国旅游协会民宿客栈与精品酒店分会、浙江省旅游民宿产业联合会、途家、Feekr旅行以及40多家全国和浙江省等级民宿参与此项工作，为教材编写提供指导和优秀案例。

历时一年多时间，我们相继完成了《民宿概论》《民宿安全管理实务》《民宿产品创新与开发》《民宿管家服务》《民宿新媒体营销》5册组成的全国首批系列教材的编写工作。在编撰过程中，我们注重工学结合，力求形成比较完整的民宿知识体系。教材内容大多采用情境教学设计和项目教学方法，把实用的理论知识和实践技能在仿真情境中融会贯通，使学生既能掌握扎实的理论知识，又能学以致用。同时，根据行业或岗位要求，把国家标准、行业标准、职业标准及工作流程引入教材中，着力培养学生岗位适应能力，充分体现职业教育特色。

在此，要衷心感谢上述各参编单位的大力支持，以及编写团队的倾情付出。同时，也诚挚感谢以韩玉灵教授为主任、章艺教授为副主任的专家指导委员会的悉心指导和帮助，以旅游教育出版社丁海秀副社长为首的工作团队的辛勤付出和努力。

本套教材既可作为中高职旅游类专业教学用书，也可作为职业本科旅游类专业教学参考用书。同时可作为工具书供从事民宿管理与运营的企事业单位专业人员和社会人士借鉴与参考。

本套教材虽凝聚多方心血而成，但基于民宿行业研究尚处在起始阶段，作为全国第一套民宿管理与运营专业系列教材，肯定还存在诸多不足和遗漏之处，恳请读者不吝批评和指正，我们将在今后再版过程中予以完善与修正。

总主编：

2022年8月

前言 FOREWORD

　　得益于我国旅游业的迅速发展，民宿作为大住宿业中的新业态，这些年也备受关注。2021年教育部印发《职业教育专业目录（2021年）》，为服务文化旅游新业态，补齐旅游新业态人才短板，设置了民宿管理与运营专业。在专业人才定位和规格上，民宿管理与运营专业认为与传统的民宿主或者民宿服务人员相比，该专业培养的人才不仅仅在技能需要上要求更多更全，即除了基本的客人接待、客房卫生服务外，还需要了解在地文化，需要会讲故事、懂营销，有互联网思维，有审美有才情，能够使用新媒体营销的手段对民宿企业进行推广、营销和运营。

　　根据2021年中国民宿市场分析报告显示，2020年国内民宿房源总数达到300万套。为了抓住主力消费群体，民宿经营者就要做好产品、服务、品牌等宣传推广，他们通常选择多种线上旅游平台进行销售整合的方式，既包含传统的互联网媒体，也包括现在如火如荼的新媒体。

　　伴随着互联网技术与大数据算法的进步，新媒体成为民宿企业营销宣传的主要手段之一，在民宿形象宣传、民宿推广、民宿体验和营销中起着重要作用。数据显示，微信公众号是宣传渠道的首选，约有53.63%的经营民宿受访者选择该渠道；约43.32%的经营民宿受访者会选择抖音；其他还包括小红书、快手、头条等。

　　无论是专业人才核心知识、能力和素养的培养，还是民宿企业实际经营的需要，新媒体营销的理论学习与实践训练都是专业人才必备的能力之一。

本教材在这样的时代背景下,由一批拥有丰富行业经验和理论知识的骨干教师共同组成了编写团队,将新型理论方法、前沿思想和实践案例应用充实到教材中,注重理论知识讲解和实践操作技能的融会贯通,提供符合民宿企业运营实践和行业需求的教学内容,同时,为酒店管理与数字化运营专业、民宿管理与运营专业等提供教学资源。本教材也可以作为民宿从业者自学的参考教材。

本教材共分为七章。第一章主要是新媒体营销认知,以及对新媒体营销工作人员素质的要求;第二章阐述民宿新媒体营销定位,主要包括民宿新媒体营销用户定位和内容定位;第三章介绍民宿新媒体营销策划,重点是民宿新媒体事件营销策划、社群营销策划;第四章介绍民宿新媒体图文营销,包括营销内容的标题拟定、内容的打造和内容的图片设计;第五章主要介绍民宿新媒体短视频营销策划以及未来的发展趋势;第六章主要介绍民宿新媒体直播营销,包括直播团队的组建、产品讲解及直播活动的策划;第七章主要介绍民宿新媒体品牌营销,包括品牌营销现状及基本策略等内容。

本教材由尹萍任主编,负责教材的整体设计、统稿和部分章节的撰写与修订。第一章主要由郭贵荣老师编写,第二章主要由李峰老师编写,第三章主要由杨轶哲老师编写,第四章主要由李东旭老师编写,第五章、第六章、第七章主要由杨帆老师编写。在教材编写过程中,中国旅游协会民宿客栈与精品酒店分会、途家民宿等行业、企业人员为本书提供了编写思路和建议。

在教材即将付梓之际,诚挚感谢国内外民宿相关专著、教材和许多高水平论文的作者们。他们的作品为我们编写本书提供了丰富的参考,使我们受益匪浅。衷心感谢旅游教育出版社有关领导、专家和编辑,他们为本书的撰写和出版付出了辛勤的劳动,提出了有益的修改建议。

由于水平有限,加之民宿新业态发展迅猛且多样,民宿管理与运营专业成立时间较短,而新媒体在民宿经营与营销中又形式多样、手段新颖,教材中难免有一些不足和疏漏之处,欢迎使用本书的读者提出宝贵意见。

编者
2022 年 8 月

目录 CONTENTS

第一章　新媒体营销认知 ·· 1
第一节　认识新媒体及新媒体营销 ···································· 3
第二节　新媒体营销工作人员素质要求 ······························ 23

第二章　民宿新媒体营销定位 ·· 31
第一节　民宿新媒体营销用户定位 ···································· 33
第二节　民宿新媒体营销内容定位 ···································· 53

第三章　民宿新媒体营销策划 ·· 59
第一节　新媒体营销策划 ··· 61
第二节　民宿新媒体事件营销策划 ···································· 66
第三节　民宿新媒体社群营销策划 ···································· 70

第四章　民宿新媒体图文营销 ·· 75
第一节　民宿新媒体营销内容的标题拟定 ···························· 77
第二节　民宿新媒体营销内容的打造 ································· 80
第三节　民宿新媒体营销内容的图片设计 ···························· 86

第五章　民宿新媒体短视频营销……93
第一节　民宿新媒体短视频营销概述……95
第二节　民宿新媒体短视频营销策划……99
第三节　民宿新媒体短视频营销推广……111

第六章　民宿新媒体直播营销……113
第一节　民宿新媒体直播营销概述……115
第二节　民宿直播团队的组建……122
第三节　民宿直播营销的设计……126
第四节　民宿直播产品讲解……131
第五节　民宿直播活动策划……133

第七章　民宿新媒体品牌营销……141
第一节　民宿新媒体品牌营销概况……143
第二节　民宿新媒体品牌营销策略……146
第三节　民宿新媒体品牌营销推广……155

参考文献……158

第一章
新媒体营销认知

本章导读

利用新媒体来宣传企业文化、推广企业品牌、销售产品已经成为互联网+时代企业营销的必备能力。当新媒体发展成为时代主流,新媒体营销俨然已成为企业品牌构建与营销推广的主要渠道,企业与新媒体之间的衔接将会愈加紧密。为适应时代发展趋势,企业需要充分重视新媒体在品牌构建、营销推广等方面所具备的价值,以新媒体为跳板,助推企业营销、品牌构建取得切实效果。

┃ 学习目标 ┃

1. 了解新媒体的概念、特点及发展趋势。
2. 熟悉新媒体营销的特点及模式。
3. 掌握当前新媒体营销所涉及的主要岗位及相应的职责。
4. 了解一个合格新媒体人应具备的素质。

┃ 思政目标 ┃

1. 培养同学们树立正确的新媒体营销价值观和社会价值取向。
2. 注重同学们健全人格的培养以及职业操守的塑造。
3. 激励同学们利用好新媒体营销知识和技能服务于乡村振兴。
4. 培养同学们的社会责任感与可持续发展的理念并进。

┃ 思维导图 ┃

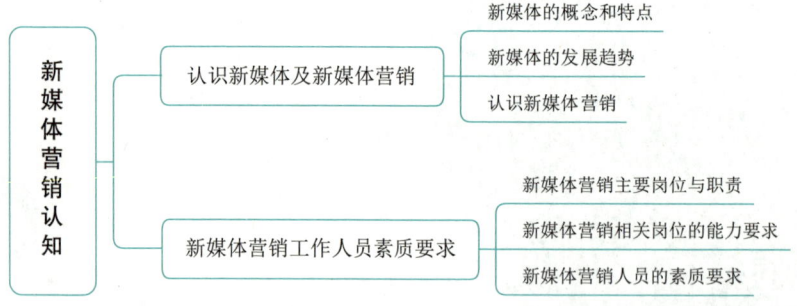

第一节 认识新媒体及新媒体营销

一、新媒体的概念和特点

（一）新媒体的概念

新媒体的身影经常会出现在我们的日常生活中，比如网站、报纸、杂志、学术论文中，那么到底什么是新媒体呢？

表 1-1 新媒体类型辨析

类型	是/否	类型	是/否
门户网站		专业论坛（知乎、小木虫等）	
电子邮件		网络杂志	
个人/企业微信		搜索引擎	
微博		虚拟社区	
微信公众号		网络游戏	
播客		手机短信	
网络电视		数字电视	
手机电视		手机报	

表 1-1 所示类型都可以叫新媒体。但其中有些类型因为出现的时间较早，例如 1969 年 10 月世界上就出现了第一封电子邮件，距今已经有 50 多年的时间了，我们几乎都不确定是否可以称其为新媒体。

新媒体是一个相对的概念，自 1967 年美国哥伦比亚广播电视网（CBS）技术研究所所长戈德马克（P. Goldmark）率先提出新媒体（new media）的概念以来，之后美国传播政策总统特别委员会主席罗斯托在向当时的美国总统尼克松提交的报告中再次提到此概念，"新媒体"一词就这样先在美国普及，很快扩展到全球。

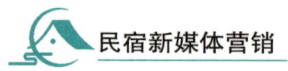

因人们对新媒体的理解不同对其界定也是仁者见仁智者见智。日本专家冈村修提出:"以新视听媒体和广播媒体为代表的媒体形态都可被认为是新媒体。"20世纪后期,由于互联网技术的飞速发展,对新媒体的研究逐渐增多。学者们主要对新媒体与传统媒体的传播主体、传播媒介、传播内容和传播效果进行了比较研究。1995年美国麻省理工学院著名未来学家尼古拉斯·尼葛洛庞帝(Nicholas Negroponte)在著作《数字化生存》中提出:"数字化、网络化、信息化使人的生存方式发生了巨大的变化,并由此带来一种全新的生存方式,人类生存于一个虚拟的、数字化的生存活动空间,在这个空间里人们应用数字技术(信息技术)从事信息传播、交流、学习、工作等活动,这便是数字化生存。"他的观点开启了人们研究信息时代新媒体的先河。

新媒体是一个随着时代发展不断发展变化的概念,每个时代都有自己的新媒体,它代表着不同时代阶段的经济发展与信息科技发展现状。美国《连线》杂志将新媒体定义为:"所有人对所有人的传播。"联合国教科文组织认为新媒体是:"以数字技术为基础,以网络为载体进行信息传播的媒介。"新传媒产业联盟秘书长王斌认为:"新媒体是以数字信息技术为基础,以互动传播为特点,具有创新形态的媒体。"

我们书中所讲的新媒体,是相对于传统媒体而言,是继电视、广播、报刊等传统媒体之后发展起来的新的媒体形态,是数字化、信息化时代到来后出现的各种媒体形态。电视、广播、报纸、杂志等传统媒体经过数字化改造转型后,又可以划分到新媒体的类型中。

当前社会,人们对新媒体的界定可以做广义与狭义之分。广义上人们对于新媒体的理解可以诠释为是建立在数字技术、网络技术、移动技术等信息基础之上的,通过互联网、宽带局域网、无线通信网、卫星等渠道,以电脑、手机、数字电视机等作为输出终端,向用户提供视频、音频、在线游戏、远程教育等信息和娱乐的传播形态和媒体形态。狭义上人们对新媒体可定义为新兴媒体。

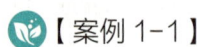【案例1-1】

故宫的新媒体探索之路

2012年故宫博物院开始尝试利用互联网为游客提供服务;2013年研发并

上线了故宫博物院首款APP"胤禛美人图";2014年创建微信公众号"微故宫",打造"故宫猫"IP形象;2015年推出APP"韩熙载夜宴图",发布了微博"够了,朕想静静";2016年推出纪录片《我在故宫修文物》,与阿里巴巴尝试合作;2017年推出APP"故宫社区",参与《国家宝藏》的拍摄;2018年推出"上新了·故宫"并推出首款彩妆口红……

故宫推出的纪录片、文创产品、系列化妆品、主题饮品等,借助新媒体线上宣传、销售,取得了超乎预期的成绩,打造了一批网红产品。

案例分析: 互联网改变了传统行业的生存模式,新媒体带来的收益是无法估算的。故宫博物院作为一个超级大IP,有着源源不断的流量和庞大的受众基础,利用新媒体平台,不断拓展产品营销渠道,将产品营销融入民众生活之中,同时也让中国深厚的传统文化走向年轻一代、走向世界。

图1-1 故宫小程序

(图片截取自故宫博物院小程序)

(二)新媒体的特点

新媒体作为媒体的重要组成部分,被称为"第五媒体"。随着信息技术的迅猛发展,新媒体依托互联网终端,以其形式丰富、传播多元、传递快速、覆盖面广等特点在现代传媒产业中占据了重要地位。除了上述特点外,新媒体还具备以下特点:

1. 全方位数字化

全方位数字化的传播方式是新媒体最为显著的特点。尼古拉斯·尼葛洛庞帝在《数字化生存》中曾提到现代信息技术的突飞猛进必然将改变人类的工作、学习、娱乐方式。新媒体随着科学技术的进步与发展,通过全方位数字化过程，将所有的文本缩减成二进制元编码，并且可以采用同样的生产、分配与储存的过程。

2. 突出的个性化

新媒体以网络环境为基础，基于用户的信息使用习惯、喜好向用户提供满足其个性化需求的信息和服务。这种新媒体提供的个性化信息服务，有助于信息的传播者针对不同的受众群体喜好、特点提供有针对性的个性化服务。此外，用户同样也对信息的搜索、选择甚至定制具有自主权和操控权。

3. 及时的互动性

视频1-1：借助新媒体形态来展示民宿

传统的报纸、杂志、电视等媒体大都是单向传播模式，新媒体实现了双向沟通交流，增强了传播者与接收者之间的互动联系。特别是网络新媒体，借助信息技术对网络用户进行了串联，实现了信息资源共享与实时沟通交流。受众不仅仅是大众，也可能是个人，受众不仅仅是信息的接收者，同时也可以是信息的发布者、传播者。

【案例1-2】

现实中的千与千寻——重庆洪崖洞

重庆洪崖洞的爆红始于网络，源于网络社交平台上出现的精心拍摄的图片及视频。

洪崖洞是川渝地区传统吊脚楼建筑的典型代表，依山就势，沿江而建，夜间灯火通明，别有韵味。洪崖洞巧妙地借助宫崎骏的作品《千与千寻》，打造了现实中的千与千寻这一文化IP，利用新媒体平台可以实时互动、分享这一特点，将景区打造成网红景点。

游客拍照打卡后能立即在微博、微信等APP平台上分享、转发、评论……凭借着新媒体风一般的传播速度，景区迎来了爆棚的游客。

案例分析：新媒体平台作为景区景点传播和购买渠道，可以直接把相关产品的功能、价值等信息传递给目标群众，以便目标群众形成记忆并喜欢，从而实现品牌宣传、产品销售目的的营销活动。

图1-2 重庆洪崖洞

二、新媒体的发展趋势

受新冠肺炎疫情影响,各大新媒体平台迎来了用户的急速增长,活跃程度空前提升,短视频、在线直播等领域成为新媒体新的聚焦发展点。据相关专家与研究团队预测,未来新媒体的发展有以下几大趋势。

(一)分工专业化

新媒体领域分工的细化,主要是为了加大新媒体运营的工作效率,不仅节省了时间提高了发布内容的时效性,同时还不浪费劳动力提高了人效。伴随着新媒体在纵向横向领域的不断拓展,越来越多的专业岗位出现在整个新媒体行业链条中的各个环节,整个行业将会用专业化的分工来提升整体行业链条的效率,降低运营成本。

(二)内容付费成为盈利热点

在新媒体产品领域,内容价值持续回归,知识付费成为新媒体盈利增长的新热点。新媒体知识付费市场快速发展,知识付费用户规模持续扩大,知识付费收入显著增长。从收入与城市分布来看,知识付费用户群体以中等收入的年轻群体为主,主要分布在一二线城市;从年龄结构来看,"80后""90后"为当前知识付费的主要群体,他们在工作中对知识储备或者实用技能的要求较高,但其碎片化的休息时间无法支持连续的课程学习,更无法在海量

的网络内容中及时筛选所需知识，而优质付费内容为其提供了良好的学习资料。

目前，知识付费产品形态多种多样，主要媒介形态有文字类产品、音频类产品、视频类产品和媒介融合类产品等；具体的知识付费产品形态又包括音频录播、图文分享、在线问答、视频直播、视频录播、付费传统媒体等。

（三）万物互联智能加速

媒体与人工智能技术的结合已经不仅仅停留在概念阶段，对于新媒体来讲，信息技术与未来科技的应用将会不断重塑生产和传输的各个环节，智能移动互联网正在蓄势待发。

（四）更加注重用户体验

体验经济时代以"用户为中心"成为商业服务用户的主要思维方式，各大新媒体平台将私人定制、个性化服务、交互式体验等融入运营管理中。体验经济时代，用户不仅追求自我感受的满足，越发关注消费过程中的自我体验，对于产品的需求不再局限于产品本身的性能，对于自己心理的满足也在不断提升。

在新媒体环境下，为了达到更好的商业效果和利益，"以用户为中心"的传播方式也将持续融入策划、设计、运营整个流程中，例如社交软件的功能区块设计将会更加人性化、情感化，甚至为了满足不同类别客户的需求进行圈子化的私人定制。

（五）重视用户的参与性

新媒体的出现，改变了传统媒体信息单向传播的模式，实现了传播者与接收者之间不受时空限制的双向传播。这种传播模式使得新媒体具备了参与性与开放性的特点，而且越来越多的商家、企业、媒体平台开始关注用户的参与程度，以及不同程度参与与关注带来的流量、商业价值。

（六）媒介融合进一步强化

随着信息通信技术的快速发展，各国网络建设步伐日趋加快，互联网时代新媒体发展愈加多样化，用户获取和传播信息的渠道也愈加多元化。传统媒体为适应时代的发展需要积极寻求转型，开启了与新媒体协同融合发展之路。例如，传统纸媒拓展了电子报刊业务、电台广播与互联网信息内容融合为一个平台。

【案例 1-3】

中国网络视听的发展趋势——付费习惯已经养成

《中国视听新媒体发展报告（2021）》中显示，随着网络视听产业规模持续扩大，网络视听收入达 2943.93 亿元，同比增长 69.37%；网络视听产业多元化商业模式也在形成中，组成了会员、版权、直播带货、广告、IP 生态开发等多触角商业模式。国家广电总局统计公报显示，2020 年网络视听用户付费、节目版权等服务收入达 830.80 亿元，同比增长 36.36%。

2020 年，网剧在培育用户消费习惯方面进展显著，30% 的网络剧、59% 的网络首播电视剧实现了超前点播。调查中，更有 66% 的观众表示使用过超前点播功能，累积花费 10~50 元的观众占比达到 30%。2020 年，网络电影分账超过 1000 万元的网络电影共计 60 部，较 2019 年同比增长 76%，票房分账记录也被再度刷新。在网络综艺方面，2020 年总上线网络综艺 229 档，相比 2019 年的 221 档略有上升。其中，仅限会员付费观看的多版本和衍生节目占比 80%，达到 137 部。

案例分析： 近年来，我国网络视听用户规模稳步增长，网络视听产业逐渐成熟。随着城市与乡村间"数字鸿沟"的缩小，农村网民的比例不断上升，网络消费习惯也发生了较大改变，同时随着网民增长主体由青年群体向未成年人及 50 岁以上银发族的转变，网络视听行业也迎来了新的增长点，网生内容更加接地气，符合目标消费群体的精品内容不断被打造。当下，内容付费已成为新媒体盈利增长的新热点。

三、认识新媒体营销

（一）营销的概念

国内外对营销概念的解释不少于百种，不过国内学术界普遍会引用美国市场营销学会（AMA）和美国西北大学教授菲利普·科特勒（Kotler）对营销的定义。

美国市场营销学会（AMA）于 1983 年 5 月对营销进行了定义：市场营销（管理）是对思想、货物和劳务进行构想、定价、促销和分销的计划和实施的过程，从而产生满足个人和组织目标的交换。菲利普·科特勒对营销的定义是：市场营销是个人和集体通过创造、提供出售，并同别人交换产品和价值，以获得其所需、所欲之物的一种社会和管理过程。

通过以上两个定义，我们可以理解为营销是一种创造性的活动，它不仅寻找客户已经存在的需求进行满足，而且激发和解决客户没有提出的要求。同时营销是一种自愿的交换行为，买卖双方自愿交换使各方通过某种东西取得回报。营销的核心是满足客户的欲望和需求，因此科特勒认为营销管理实质上是需求管理。

（二）营销的发展演变

今天的市场无论是消费者的消费习惯和行为，还是市场的竞争格局都发生了深刻的变化。随着环境的变化，营销的观念和模式也在发生着变化。

营销的理论经历了四种典型的变化阶段，即以满足市场需求为目标的 4P 理论阶段、以追求顾客满意为目标的 4C 理论阶段、以建立顾客忠诚度为目标的 4R 理论阶段、以建立企业终极竞争力为目标的 4V 理论阶段。

营销模式是指企业在未来时期，面对不断变化的市场环境，依据自身的能力和资源，通过满足市场需要而实现其营销活动目标的运营战略。传统的营销模式可以细分为代理商营销模式、经销商（分销商）营销模式、直营模式等。随着信息技术的发展，催生了一系列新的营销模式，不仅能为企业节约成本，带来经济效益，还能成功树立企业形象，提升产品品牌效应，创造更大的收益。其中，最具代表性的新媒体营销随着互联网的高速发展应运而生。新媒体营销改变了人们的营销思维，是在以自媒体平台、微博平台、问答平台、视频平台等传播渠道基础上建立的营销模式。

先来看一下新媒体营销与传统营销的区别，如表 1-2 所示。

表 1-2　新媒体营销与传统营销的区别

区别	传统营销	新媒体营销
区别 1	单项输出	双向互动
区别 2	漏斗式信息获取	扩散式信息获取
区别 3	多层级销售	直接销售

续表

区别	传统营销	新媒体营销
区别4	长反馈周期	短反馈周期
区别5	低用户维系	高用户维系

现在这两种营销方式在企业运营中都是不可或缺的，但是随着信息技术的进一步发展，新媒体营销已成为企业不能忽视的营销模式。深刻了解新媒体，能够更加高效地将其应用在企业营销方式的创新过程中，创造更多的价值。

（三）新媒体营销的概念

新媒体营销是在新媒体发展的基础上，商户、企业或个人利用新媒体平台，如门户网站、网络视频、搜索引擎、微信、微博、论坛、手机APP等作为载体，运用互联网整体环境与现代营销理论进行营销的方式。

与传统营销相比，新媒体营销在营销模式上实现了创新突破，基于对特定产品的概念诉求与分析，对用户进行有针对性的引导营销，实现企业品牌宣传、产品销售的目的。

互联网时代的新媒体营销比传统营销更精准、更有效，传递更快速，它为商业经济的发展带来了新的机遇，开拓了新的领域。

（四）新媒体营销的特点

随着社会信息需求的不断变化和媒体技术的发展，新媒体已经逐渐渗入人们的日常生活中，并在信息传递方面发挥着越来越重要的作用。作为一种新型的营销传播活动，新媒体营销具有以下特点：

1. 强调个性化、互动性

在新媒体时代，用户不再是信息的被动接受者，同时也是信息的传播者与生产者。互联网本身就有着互动性的特点，新媒体把这种互动性提高到了更高的水平。在互联网环境下形成企业、商户、个人与用户的直接沟通对话，他们可以在新媒体APP上进行一对多、一对一的互动交流，企业可以基于用户的反馈对自己的营销模式进行优化，使得自己的营销更加符合目标客户的需求、更加生动活泼，并能及时对自己的产品进行迭代升级。

同时，针对新媒体后台的大数据分析，企业可以发现用户的潜在需求与

当前的流行趋势，也可以利用大数据分析结果对客户进行精准分析，这样便于对目标客户开展有针对性的产品及服务定制，满足客户个性化的需求。例如可以通过互联网大数据分析轻而易举地看到用户的性别、访问时间、点击量、喜好等信息。

2. 传播速度快、范围广

新媒体内容丰富且空间开放，这就意味着外部影响对于新媒体的干预程度较小，营销的范围突破了地域的限制，人们之间的交流不受时空的限制和影响。

通过视频、图片、文字等方式传播营销内容，可以更加直观、快捷地被用户理解和接受。新媒体的传播速度快、传播范围广、话题度高，能够快速引起用户的关注和共鸣。

3. 突出多样化、多元化

相比传统媒体，新媒体营销从最初的单人 PC 端到如今的抖音、快手、微信、微博等 APP 移动终端，形式的多样化、渠道的多元化已经成为新媒体的重要特点。不同的营销方式满足了企业、商户不同的需求，他们利用一种或多种新媒体形式，借助不同的渠道作为自己营销活动的新方向。

4. 具有创新性、趣味性

互联网时代，信息传播速度快、信息生产量大，人们对于信息的关注和记忆转瞬即逝。对于企业运营管理而言，如何让用户长时间保持关注至关重要，这就需要在营销的形式和内容上有所创新。新媒体平台多样的互动方式、多元的发布功能为企业的营销创新提供了必备条件。

为在短时间内吸引用户的注意力，许多企业会在其官方社交账号中发布一些让人感到轻松愉悦的内容，以此来拉近与用户之间的距离。

【案例 1-4】

抖音——民宿主不可错过的新赛道

伴随互联网技术与大数据算法的进步，新媒体已经成为企业营销宣传的主要手段之一，而抖音短视频作为目前国内最大的新媒体平台，其在民宿形象宣传、民宿推广、民宿体验和营销中起着重要作用。通过分析抖音短视频的特点及营销策略，将好的策略运用到民宿企业的实际经营中，助力民宿的快速发展。

抖音成功的关键因素之一就是能够生产出众多的优质内容，并且可以在短时间内完成操作，拍摄出视频；同时，视频内容本身具有极强的特点，吸引观众的眼球。例如，裸心谷是开办较早的规模化的民宿企业，位于国家4A级景区、中国四大避暑胜地之一莫干山，而其山顶的裸心堡被CNN评为"除了长城之外，15个你必须要去的中国特色地方之一"，得天独厚的资源使其具有"网红"的独特潜质。

中国日报的抖音账号在2018年7月27日发布了主题为"大美中国，带你走进莫干山裸心谷"的短视频，视频的播出增加了裸心谷民宿的曝光率，在短时间内吸引了众多游客前来体验。独特的景观资源与别具一格的装修，持续的曝光率，再加上抖音平台自身所带的优势，使裸心谷成为名副其实的"网红民宿"。

（资料来源：订单来了云PMS）

案例分析：随着互联网技术的不断发展，以抖音、快手为代表的各种视频新媒体成为企业进行网络营销的主要模式。民宿作为迅速崛起的新业态，针对其目标客户群体的特点和喜好，借助新媒体平台进行形象宣传和推广，可以短时间内迅速提升民宿企业的知名度和美誉度。

视频1-2：新媒体营销助力民宿发展

（五）新媒体营销的模式

比较常见的新媒体营销模式有饥饿营销、事件营销、口碑营销、情感营销、互动营销、病毒营销、借势营销、IP营销、社群营销和跨界营销10种。企业、商户一定要先了解目标客户，再确定符合自己需求的新媒体营销模式。

1. 饥饿营销

我们经常会参与"限量版""秒杀"的抢购活动，我们也经常会为了买到某件商品提前缴纳意向金……在社会产品极大丰富的今天，为什么还会出现供不应求、排队抢购的现象呢？有时候这并不是消费者刚性需求所致，而是商家利用消费者从众的消费心理采取的营销手段，我们称之为"饥饿营销"。

饥饿营销是指商品提供者采用大量广告促销宣传，勾起消费者购买欲望，然后有意调低产量，制造供不应求的假象，从而更加提高消费者的购买欲望，以期达到调控供求关系，维持商品较高的商品利润率和品牌附加值的目的。

【案例1-5】

小米的饥饿营销

一谈到饥饿营销,很多人都会想到小米公司,小米公司将饥饿营销发挥得淋漓尽致。

小米科技创始人对自身在互联网行业的影响力进行了充分的利用与调动,获得了各方面的大力配合与支持,通过前期的宣传造势,使得小米手机一出现就成为网络的热门话题。

小米手机对于产品像挤牙膏似的销售值得被关注。这种做法恰恰迎合了"人无我有,先得为荣"的潜在消费心理特征。这一做法更是激发了消费者的购物欲望,从而形成一种有利的卖方市场。再加上第一批小米手机的购买权仅仅是那些小米科技论坛的用户,这种做法更是激起了用户对小米手机的关注和兴趣。

(资料来源:新浪博客)

案例分析: 饥饿营销的最终目的不仅仅是为了调高价格,更是为了让品牌产生高额的附加价值,从而为品牌树立起高价值的形象,因此饥饿营销适合一些单价较高,不容易形成单个商品重复购买的行业。

2. 事件营销

事件营销是企业通过策划、组织、利用具有新闻价值、社会影响以及名人效应的人物或事件,吸引媒体、社会团体和消费者的兴趣与关注,以求提高企业或产品的知名度、美誉度,树立良好的品牌形象,并最终促成产品或服务销售目的的手段和方式。

【案例1-6】

卖萌的可口可乐

为迎合年轻消费者,中国区可口可乐推出卖萌新包装。包装标签以可口可乐字体印上诸如文艺青年、高富帅、白富美、天然呆等网络流行语。有网友惊呼可口可乐"萌死了,很有爱""看到就想买"也有网友觉得"山寨味太浓""一开始以为是假冒产品"。

可口可乐主动出击,把网络萌文化发展到包装标签,可谓十分大胆。据网友不完全统计,这些标签包括闺蜜、氧气美女、喵星人、白富美、天然呆、高富帅、邻家女孩、大咖、纯爷们、有为青年、文艺青年、小萝莉、积极分子、粉丝、月光族等十数种网络流行语,差不多涵盖了近一两年以来的所有网络流行称呼。这应该是可口可乐进入中国以来,为适应本地文化而进行的最大规模市场活动,为的是赢得年轻消费者的心,换来口碑和业绩的双赢。

案例分析:可口可乐充分利用了事件营销针对性的特点,将网络流行语与其包装设计结合起来,用特殊的创意广告形式来迎合年轻消费者的消费心理。

图1-3 可口可乐个性化包装

3. 口碑营销

口碑营销指企业努力使消费者通过其亲朋好友之间的交流将自己的产品信息、品牌传播出去。口碑营销具有成功率高、可信度强的特点。在营销中,口碑营销是运用各种有效的手段,引起消费者之间对其产品、服务以及企业整体形象进行讨论和交流,并激励消费者向其他人群进行介绍和推荐的营销方式和过程。

【案例1-7】

途家——打造口碑传播矩阵

谈及美宿家口碑传播矩阵的打造，途家高级公关总监表示，相比在行业领域内的有口皆碑，途家在C端消费者群体的知名度和美誉度还相对较弱，这就需要精准且高性价比的传播渠道来实现。途家美宿家就是最好的渠道，通过搭建KOL外脑社群，更好地传播途家民宿产品，并且以专业的视角，告诉消费者怎么住怎么玩。

对于途家美宿家的营销策略，可以用金字塔形来形容。据介绍，在塔基，美宿家有一个"加入途家美宿家，全球民宿免费睡"的口号，一旦审核成为美宿家，全球将有超230万的房源可以任意免费睡，这也是双方合作的基础。通过置换房源，美宿家会产出高标准的图文短视频来宣传目的地民宿，进一步打造网红口碑营销。而在塔中，以类MCN的方式来打造美宿家。通过"全网通"计划，即与新媒体平台策划活动合作，让美宿家更多参与，并为其导流帮其变现。早期有些美宿家刚进来，只有60多万粉丝，经过近两年时间合作培养，粉丝已经达到了200多万。这样的方式让美宿家与平台方成为紧密的利益共同体，也为之后的高性价比合作奠定了基础。至于塔尖项目，则将核心美宿家作为资源包，协助政府、景区和其他品牌等做更深度的合作，帮助目的地营销，实现网红资源的专业运营。

（资料来源：中国新闻网）

案例分析： 口碑营销制造的爆炸性需求，绝对不是意外和巧合，是有规律可循的。企业通过分析消费者之间的相互影响和作用可以预见口碑的传播效果。

4. 情感营销

在情感消费的时代，消费者购买商品所看重的不是商品数量的多少、质量的好坏以及价格的高低，而是一种心理上的认可、情感上的满足。情感营销把消费者个人情感差异和需求作为企业品牌营销战略的营销核心，通过借助情感包装、情感宣传、情感价值、情感设计、情感氛围等策略来唤起消费者的情感需求，从而实现企业的经营目标。

【案例1-8】

百年糊涂·蓝纯的情感营销

百年糊涂·蓝纯作为广东百年糊涂酒业有限公司旗下新品牌，如何在市场上用"不上头"的价值点打透消费人群、冲击市场呢？

首先，营销团队对目标消费者进行了走访调研，深入挖掘蓝纯目标群体对于"喝酒上头"背后隐藏的感情。喝酒上头导致的应酬压力大、让老婆担心、让兄弟不能尽兴等影响关系的情绪让他们有着强烈的共鸣，正是这些心里顾虑激发了"不上头"的迫切需求。最终团队决定以夫妻、应酬、兄弟之间真挚的情感来演绎蓝纯"不上头"的价值诉求。

他们针对消费群体的消息接收渠道，借助区域微信 KOL 推出三篇系列情感走心文章，把蓝纯"不上头"的传播诉求进行软性传达。推文一经发出，刷屏了整个朋友圈，这些强烈的感情共鸣引起了广泛的讨论。

通过一篇《结婚6年，第18次想离婚，看他醉酒我太难受了》，真切地说出每一个妻子对于丈夫喝酒的内心感情；再借助线上信息流广告投放，精准定向广东地区的男性目标群体，以情感的内容吸引他们，为蓝纯收获一批精准客户。

（资料来源：利国网）

案例分析：营销的目的就是满足顾客以及潜在顾客的需求，需求来自顾客，需求管理的实质就是顾客管理。了解并满足顾客的需求，通过直击内心的内容，引发情感的共鸣，从而潜移默化地注入品牌的价值，让公众接受品牌的传播诉求。

5. 互动营销

所谓互动，就是双方互相联动起来。在互动营销中，互动的双方一方是企业，一方是消费者，需要抓住双方共同的利益点，将双方紧密结合起来。互动营销尤其强调，双方都采取一种共同的行为，达到互助推广、营销的效果。互动营销能够促进相互学习、相互启发、彼此促进，消费者能够参与产品以及品牌活动，拉近与企业之间的联系，不知不觉中接受来自企业的营销宣传，同时企业也可以通过换位思考带来全新的观察问题的视角。

【案例 1-9】

支付宝的互动营销

从每年的集福卡，到每年节假日的瓜分大奖，支付宝几乎把全国用户的情绪调动了起来。

2018 年国庆节，支付宝发了一条"祝你成为中国锦鲤"的微博，并称将会在 10 月 7 日抽出一位集全球独宠于一身的中国锦鲤。活动发出 6 小时转发破百万，周互动超 400 万，成为企业营销史上最快达成百万级转发量以及迄今为止总转发量最高的企业传播新案例。

案例分析： 支付宝通过简单的趣味小活动，极大地调动了大众的参与兴趣。在支付宝原有的用户基础上，传播有目的性的趣味内容，产生的效果是非常迅速的，这是整个活动最开始的激发过程。在内容传播到一定程度的时候，许多不曾了解活动内容的人，便会产生好奇心理，从而自发地去了解并参与进来，毕竟参与进来几乎不会产生成本。此时传播裂变正式开始。最后，通过重复性创造，顺利引发了群众参与性狂欢，最终相关内容所获得的关注度以及热度，令人侧目。

6. 病毒营销

病毒营销又称病毒式营销、病毒性营销、基因营销或核爆式营销，这是一种用户间自发进行传播的营销方式，利用公众的积极性和人际网络，让营销信息像病毒一样传播和扩散，营销信息被短时间内快速复制传向数以万计、数以百万计的受众。

【案例 1-10】

Chipotle 用奥斯卡级动画片夺眼球

Chipotle 是一家主营墨西哥烤肉的快餐连锁店，该店以"良心食品：天然有机食材"为口号，从食材采购到呈现在客人面前的食物，每个环节都十分重视客人的健康。

Chipotle 与 Moonbot Studios 合作，推出了一部名为《稻草人》的动画短片和同名移动游戏，内容涉及动物肉类加工、人工添加激素、有毒杀虫剂等方面，为的是引起人们对于食品消费安全的关注。

《稻草人》在 2013 年 9 月推出，登录 YouTube 不到两周就获得了 650 万点击浏览量；同名游戏在苹果 APP Store 上架仅 6 周，下载量就突破了 50 万。Chipotle 与 Moonbot Studios 合作推出的《稻草人》轻而易举地打动了人们的心弦，引起人们对食品安全的关注。

案例分析：想在病毒营销上取得成功必须抓住人们本能上的反应，要在不同类型的用户群体之中都能够引起共鸣。

图 1-4 Chipotle 与 Moonbot Studios 联手推出的动画片《稻草人》

7. 借势营销

借势营销是指企业将销售目的隐藏于营销活动中，借助大众关注的社会热点、娱乐新闻事件等，将产品的宣传、推广融入一个消费者喜闻乐见的环境里，潜移默化地引导市场消费。

【案例 1-11】

奔驰 CEO 辞职

2019 年 5 月，奔驰 CEO 迪特·蔡澈退休。在大家都当这是一个常规人员变更事件时，奔驰的竞争对手宝马，发布了一条"致敬"广告片。广告片前面还是拉长慢镜头，离情依依，结尾处画风突变，退休回家的奔驰总裁从家里开出了一辆宝马，并配上字幕：Free at last（终于自由了）。

案例分析：奔驰和宝马作为竞争对手，双方长期在营销手段上较劲。针对奔驰 CEO 退休这一备受社会关注的热点新闻,宝马迅速做出反应,将自己的产品与竞争对手的大事件捆绑在一起,既具有娱乐敏感性又能产生流量。

8. IP 营销

IP 营销中的"IP"原意为知识产权(Intellectual Property),本质是通过原创、人格化的内容把 IP 注入产品或品牌,赋予产品或品牌温度和人情味,构建消费者与品牌之间沟通的桥梁,降低消费者与品牌之间、消费者与企业之间沟通的门槛。

【案例 1-12】

"小茗同学"的超级 IP 之路

2015 年,一款不同于普通饮料瓶设计、更加个性的产品——小茗同学,出现在了各大超市、便利店的货架上。一瓶普通的冰红茶或冰绿茶只卖 3 元左右,而统一的"小茗同学"只因包装个性化就卖到了 5 元左右,高出其他产品 50% 以上。2015 年统一的财报显示,饮料业务收入同比下滑 7.6%,净利润同比下滑 17.02%,但"小茗同学"绝对成为当年的爆款,仅 2015 年 3~7 月的销售额就超过了 5 亿元。

图 1-5 统一出品小茗同学红茶

"小茗同学"认准了95后这群人,通过二次元的表达创造了"小茗"这个形象,他是这群95后的同学。小茗用他们的语言与95后沟通,传播口号是"认真搞笑,低调冷泡",冷并非单纯强调茶饮料的冷泡工艺,更因为小茗是个爱讲冷笑话、搞笑的同学。接下来还植入了"我去上学啦"这一95后同学假期常看的节目,同时推出表情包等。

价值认同是"小茗同学"迅速成为爆款的原因,最初其锁定的人群就是95后,随着知名度的提升,都市白领等也喜欢上了这一品牌。

(资料来源:知乎专栏)

案例分析:超级IP时代,产品即媒体。产品的IP化,并不是简简单单的换一套包装或者皮肤,对于粉丝来说,"小茗同学"的茶饮是一种东西,而富有IP的文化创意包装是另外一种东西。

9. 社群营销

社群营销是把一群具有相同或相似兴趣爱好的人聚集在一起并通过社交平台联系起来,通过有效的管理使社群成员保持较高的活跃度,通过产品或服务满足社群成员的兴趣爱好需求而出现的商业形态。

【案例1-13】

社群营销高手——星巴克

星巴克对社群营销的操作可谓炉火纯青。在微信、Twitter、Instagram、Facebook等平台上,都可以看到星巴克的踪影。

星巴克曾经为了促销黄金烘焙豆咖啡,通过微信、Facebook、Twitter等推广新产品,顾客可以从中了解新品资讯、优惠福利等。同时,在这些APP上,星巴克也有针对性地展开宣传,并通过文章引流。

案例分析:星巴克的社群营销之所以能够成功,是因为它抓住了目标客户群体的心理,即消费者心中的部落情结仍然存在,人们需要找到有共同爱好、共同标签的同类。

10. 跨界营销

跨界营销是指依据不同行业、不同产品、不同喜好的消费者之间所拥有的共性和联系，把一些原本看起来毫不相干的元素进行相互渗透、融合，进行彼此品牌影响的互相覆盖，赢得消费者好感。

【案例1-14】

百事可乐 × 人民日报：致敬最美守护者

图1-6 百事可乐携手人民日报新媒体致敬守护者

2020年，突如其来的疫情打乱了我们的日常生活。但各行各业仍有一群坚守岗位的普通人，他们用热爱与坚守、初心与责任，成为我们心中的英雄。百事可乐携手人民日报新媒体，打造人文关怀满满的"跨界联名"特别活动，通过推出热爱守护者限量罐，记录平凡英雄的故事，在传递热爱精神的同时，见证着家国担当。

这次联名营销的产品设计中，包装罐一改百事品牌经典的全蓝色背景，加入了象征着奉献与热情的红色，同时采用人民日报经典的"报纸色"，还参考报纸的排版模式，勾勒出百事可乐与人民日报相结合的独特风格。在内容上，百事可乐将具有代表性的四种职业的"热爱"故事，刻录在百事可乐罐体上，打造出一版限量联名可乐罐礼盒，将满满的正能量通过罐身传递到生活的每个角落，实现精神理念上的鼓舞，产生了强大影响力。

（资料来源：腾讯网 2021-02-09）

案例分析：一次好的跨界，不但能共享两个品牌的流量，还能在提升品牌形象的同时，给顾客带来新的体验。跨界，对于品牌而言是非常好的尝试机会，意味着品牌的更多可能性，也许是营销方式上的、品牌形象上的，甚至是产品层面上的。同时也帮助品牌收割了大量的注意力和好感度，成了跨圈层营销的有力注解。

第二节 新媒体营销工作人员素质要求

一、新媒体营销主要岗位与职责

企业会根据自身规模大小以及业务需要，设置规模不等的新媒体营销部门或者运营团队。一般来讲会包括新媒体运营经理、主管、文案策划、活动策划、视频编辑、网络推广等岗位。有的企业虽然没有细分新媒体营销的相关岗位，但也设置了新媒体运营专员来统筹负责企业所有新媒体营销的相关工作。

（一）新媒体运营经理岗位

新媒体运营经理主要负责制订整个企业的新媒体营销策略，对企业的新媒体运营团队实施统筹管理，对企业新媒体运营的各个岗位实施监管，向上级部门和领导汇报工作，协调本部门与其他部门之间的关系。

（1）负责部门的岗位设置、人员配置、员工培训及考核等。

（2）制订部门内部完整的运营流程及规范。

（3）配合企业的整体市场营销推广计划，针对新媒体营销模块制订整体推广与运营战略。

（4）能够紧密关注并分析当下社会热点，以热点制造话题，推进和策划相关新媒体内容的发布。

（5）负责各个新媒体平台方案的策划、执行，包括投放前的趋势研究和投放后的评估分析，为产品宣传找到新的突破口。

（6）持续对运营数据进行监测分析，收集用户反馈，不断优化运营策略。

（7）拓展内外部合作渠道，整合资源，维护与其他合作部门及企业的关系。

（二）新媒体运营主管岗位

新媒体运营主管主要负责各新媒体业务板块的营销发展规划，年度、季度经营计划及指标的制订与下达。

（1）负责微信、微博、抖音、头条等新媒体平台的日常运营及推广工作。

（2）负责新媒体内容文案的撰写、审核，为客户持续提供优质的内容。

（3）策划周期性线上活动，增强与客户的黏性。

（4）分析运营数据，结合用户需求调整相关策略，提高用户量、阅读量和互动量。

（三）文案策划岗位

（1）执行部门制订的新媒体营销战略，按照企业需求与要求建立新媒体平台账号，负责日常文案的编辑维护。

（2）紧密关注社会热点话题，根据目标受众群体的偏好及时撰写、推送相关图文内容。

（3）分析图文内容的传播效果及用户反馈数据，改进并提高文案策划与撰写水平，与用户保持及时互动，提升图文的浏览点击量。

（4）与其他岗位人员保持良好互动，紧密合作。

（四）活动策划岗位

（1）能够独立完成相关运营活动策划方案，能独立完成策划方案的设计实施。

（2）负责撰写活动策划、执行方案，参与设计活动创意和策划，根据公司需求独立策划活动。

（3）负责合作品牌活动的策划及落地执行。

（4）负责营销活动的推进，统筹协调活动资源，收集活动反馈并进行跟踪分析总结，对活动效果负责，并不断完善活动方案。

（五）视频编辑岗位

（1）负责短视频内容的前期编辑与内容分发工作，熟知各大自媒体平台账号运营的基本规则。

（2）能独立完成互联网信息搜集与整理，具备对热点信息的敏感度，制作并推出引起较大反响的优质短视频。

（3）能撰写一般的语言类视频文稿。

（4）配合后期剪辑完成短视频的制作与分发工作。

（六）市场推广岗位

（1）负责各新媒体平台内容规划、创意，并输出符合品牌定位的内容，以提高推广网站的点击率。

（2）负责挖掘新媒体运营创意点，了解媒体新趋势，分析客户需求，挖掘选题，及时提出有针对性的线上宣传推广方案。

（3）负责定期分析、总结输出内容，跟踪并分析内容运营数据，持续优化现有内容方向，针对用户痛点，提升流量转化率。

（4）根据公司不同时期宣传重点项目，发掘热点事件和营销信息进行多方面报道。

（5）负责与广告公司合作，并负责有效产品的广告投放。

（6）关注并分析同行业其他竞争对手新媒体动态，并输出分析报告。

（7）负责公司公关业务宣传准备工作，如公关工作计划拟订、公关宣传及活动方案撰写、公关宣传资料的起草和公关宣传品的准备等。

二、新媒体营销相关岗位的能力要求

每一个新媒体营销的岗位都需要特定的专业技能与知识来支撑完成相应的工作任务。

（一）新媒体运营经理岗位能力要求

岗位	能力要求
新媒体运营经理	3年以上新媒体（微博、微信等）运营经验，拥有丰富的新媒体矩阵运作经验，熟悉新媒体传播规律
	对媒体平台运营有自己独到的见解，对媒体传播形式有丰富的实操经验，有创新的营销传播能力及整合营销运营经验
	工作有统筹能力，能够带领团队，做事踏实，有高度责任心，能承受一定的工作压力
	善于捕捉新鲜资讯，并能够与工作结合，提出运营及活动方案
	负责建设、培训和管理高素质的媒体运营团队，指导其完成公司的计划和任务
	负责运营策划文案及团队工作报表的审核，提高公司信息的传播量，提高公司品牌和产品在目标客户群中的知名度

（二）新媒体运营主管岗位能力要求

岗位	能力要求
新媒体运营主管	有两年以上新媒体营销从业经历，擅长新媒体互联网运营；精通各大新媒体平台的运营方式，能熟练运用新媒体平台进行产品推广和销售沟通
	对新兴媒体的推广方式有很高的敏感度，热爱并擅长与人沟通和交往
	具备独立策划、撰写、编辑能力，有较好的文笔和文字功底
	对数据比较敏感，善于通过数据分析及时了解客户需求及潜在的问题，并不断运用创新的方法来实现客户需求
	善于发挥主观能动性，能够主动想办法解决问题，有责任心

（三）新媒体文案策划岗位能力要求

岗位	能力要求
新媒体文案策划	具备较好的文字功底，熟悉并掌握网络流行语，熟悉主流新媒体平台的运行机制和规范，能够驾驭不同写作风格
	掌握不同风格的图文排版技巧，具备一定的图片处理能力
	对社会热点、新闻动态反应迅速，能够迅速结合产品及客户需求提炼优质选题，并撰写优质文案
	具备用户管理、互动及用户反馈数据分析的能力
	具有良好的团队意识和沟通表达能力，具备创新精神与敬业精神

（四）新媒体活动策划岗位能力要求

岗位	能力要求
新媒体活动策划	具有主流新媒体平台运营相关工作经验，熟知并能进行内容运营、活动运营、用户运营
	对新兴媒体的推广方式有很高的敏感度，热爱并擅长与人沟通和交往
	有较好的文字功底，具有策划及撰写产品主题及文案的能力
	对数据比较敏感，善于通过数据分析及时了解客户需求及潜在的问题，并不断运用创新的方法来实现客户需求
	具有一定的活动策划及落地执行能力
	具有良好的团队意识和沟通表达能力，具备创新精神与敬业精神

（五）新媒体视频编辑岗位能力要求

岗位	能力要求
新媒体视频编辑	精通新媒体营销相关视频编辑软件，能独立完成拍摄剪辑以及进行活动视频策划
	擅长各类视频的剪辑、制作，对色彩、构图有较为清晰的认知，具有独特的审美创意
	熟悉视频节目/栏目/频道/专题/资料的策划、制作和维护
	善于搜集和整理各类网络素材，对网络及社会热点事件反应迅速
	具备良好的团队协作意识与沟通表达能力，具备吃苦耐劳的优秀品质

（六）新媒体市场推广岗位能力要求

岗位	能力要求
新媒体市场推广	具有新媒体活动推广相关经验
	熟练掌握市场营销、品牌管理、广告策划、会展策划、公共关系与产品推广知识
	熟悉公司产品及相关产品的市场行情
	具有较强的人际交往能力、沟通能力、计划与执行能力、公关能力
	具有较强的口头和文字表达能力

三、新媒体营销人员的素质要求

（一）思想素质

1. 良好的职业道德

职业道德是人们在履行本职工作中所要遵循的行为准则和规范的总和。每个从业人员都应该遵守职业道德，新媒体人也不例外。作为新媒体工作人员要爱岗敬业，不断提升自身的从业技能，要保守商业秘密，维护企业利益。作为一名新媒体营销人员承担着向客户传播信息的角色，因此要严守媒体人的职业道德底线——公正与真实，要多传播一些弘扬社会正能量的信息，不能唯利是图，传播不良信息和内容。

2. 强烈的事业心和责任感

新媒体营销人员要充分认识到自己工作的价值，热爱自己的本职工作，对自己的工作充满信心，要有献身于新媒体营销事业的热情和精神。

（二）业务素质

1. 敏锐捕捉信息的能力

互联网将我们带到了信息爆炸时代，我们每天都被海量信息包围，缤纷多彩的信息让我们应接不暇，注意力很容易被分散，因此有人说互联网的记忆只有七秒。如何在这极短的时间内抓住目标客户的眼球，就需要制作并提供有足够吸引力的内容。新媒体营销人员要对社会热点、新闻热点保持高度的敏锐度，能够短时间内精准预判出可能出现的热点，并能够据此及时策划推送有吸引力的内容。

2. 精准的分析能力

新媒体营销与传统营销一样，重点都在于营销。因此作为新媒体营销人员我们要具有精准的分析能力，能够准确把握目标客户的心理需求和偏好，进而策划所需要推送传播的内容，最终实现新媒体营销的目的。

3. 良好的学习能力

作为新媒体营销人员需要掌握广泛的知识，从基础营销理论到管理、财务以及相关行业知识等，面对如此多的知识与信息需要有良好的学习能力才能在激烈的竞争中占领先机。

4. 较强的组织、沟通能力

随着对新媒体营销工作的重视，各个企业都会成立专门的团队或者组织来负责企业的新媒体营销工作。因此，新媒体营销人员应具备较好的团队合作意识、较强的组织与沟通能力，能够组织、协调团队中不同角色的工作。

作为新媒体从业人员，良好的沟通能力也尤为重要。尤其是在与用户沟通的时候要注意措辞用语，在交流中求同存异。

此外，较强的心理素养对于媒体营销人员也至关重要。为了取得最佳的传播效果，新媒体营销人员需要在短时间内尽快策划、制作、推送相关内容，这种及时性、挑战性会给新媒体工作人员带来一定的压力，所以要想胜任新媒体营销岗位的工作，就需要具备良好的心理素质，具备承受压力的能力。

思考与练习

一、简答题

1. 新媒体的特点是什么？
2. 新媒体的发展趋势有哪些？
3. 新媒体营销的特点是什么？
4. 新媒体的营销模式有哪些？
5. 新媒体营销人员的素质要求有哪些？

二、实训题

1. 从各个新媒体平台搜索你熟悉喜爱的品牌，观察并思考他们是如何开展新媒体营销活动的。

2. 你未来是否会从事新媒体营销工作？如果从事新媒体营销工作，你对哪个岗位比较感兴趣？请结合自己的兴趣和特长为自己未来的新媒体营销工作之路做一个规划。

3. 新媒体营销从业者必须要具备敏锐捕捉互联网热点、爆点的能力；要具备雅俗共赏的细节审美能力；要具备奇思妙想的创新能力；同时还应始终如一坚持正确的价值取向与职业道德操守。请大家选取 2~3 个新媒体营销案例，对比分析新时代不同领域新媒体营销从业人员应该具备哪些职业素质。

三、教学实训项目

实践教学主要内容

教师带领学生赴民宿进行民宿企业相关新媒体运营岗位的调查，完成民宿对新媒体运营岗位的需求及对从事该岗位工作人员的素质要求，形成调查报告。

实践教学主要完成过程

实训项目	民宿新媒体运营岗位需求及从业人员素质要求调查
实训地点	当地民宿
实训目的与要求	通过对民宿的调研及民宿管理者的访谈，了解民宿新媒体运营岗位需求及其对从业人员素质要求
实训设备及材料准备	笔记本、电脑等

续表

模拟情境描述	组织学生赴当地民宿，通过对民宿新媒体运营现状的调查及与民宿管理者的访谈，了解民宿新媒体运营的岗位需求及其对从业人员的素质要求。针对当前民宿新媒体在人才招聘、培训等方面存在的问题提出相应的解决方案
模拟训练要求	1.学生分组，三人一个小组，通过访谈、查看民宿在各媒体平台的新闻、视频等资料，了解当前民宿新媒体运营的现状，对民宿新媒体运营岗位需求及其对从业人员素质要求进行更深入地了解和认识 2.学生分工明确，团结协作，运用沟通技巧，合理、有序、深入地开展各项工作 3.提交调研报告，对发现的问题提出解决方案
任务考核	任课教师、民宿管家、民宿主人对学生的调研报告共同打分，对小组提交的调查报告及解决方案的专业性、创新性、可操作性进行评价打分

第二章
民宿新媒体营销定位

本章导读

用户定位是新媒体营销与运营前必不可少的环节，只有了解自己的目标用户，知道用户需要哪些服务，才能更好地进行营销计划的制订与实施，使营销的效果更佳。本章将对用户定位的相关知识进行介绍，包括进行用户定位、构建用户画像、确定营销平台和提供用户服务等内容。

┃ 学习目标 ┃

1. 了解新媒体营销用户定位的基本内容。
2. 熟悉用户属性的划分标准。
3. 掌握内容营销的基本概念。
4. 了解内容营销定位的基本要点。

┃ 思政目标 ┃

1. 通过本章学习，让学生养成严谨的工作作风，树立匠人精神。
2. 通过本章学习，增强学生依法做事的法律意识。

┃ 思维导图 ┃

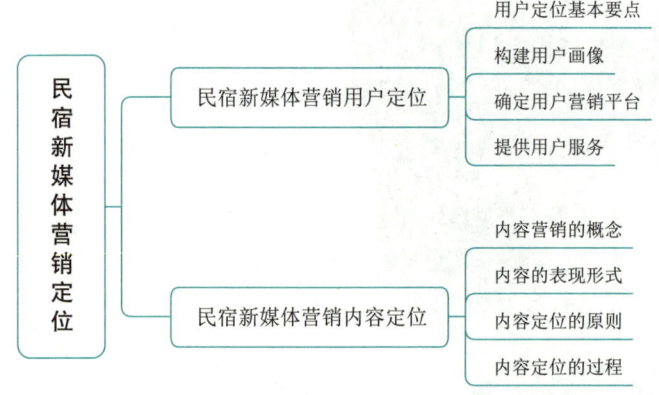

第一节　民宿新媒体营销用户定位

一、用户定位基本要点

任何企业都是通过向产业链下游提供产品（服务）获取社会认同及股东收益的，我们统称这些购买企业产品的行为单元为用户。多数时候，企业无法将自己的产品功能丰富至可以服务于对同类产品有需求的所有用户的境界，无法在整个同业市场中实现价值传递。于是，企业针对自身的能力向特定的用户提供有特定内涵的产品价值，这些特定的用户就是目标客户群体。民宿企业亦是如此。营销的根本目的就是要向特定的目标客户群体进行产品推广销售，以期实现企业收益，所以，对民宿企业进行用户定位是民宿营销的第一步。

民宿企业在制定营销方案的时候所面临的最大问题就是把产品卖给谁，也就是确定目标客户群体。住宿业市场很大，消费群体众多，民宿企业在确定目标客户群体的时候，首先要针对所有的用户进行初步判别和确认。

（一）确定用户属性

民宿新媒体营销的目的是寻找能帮助企业获得期望达到的销售收入和利益的群体。通过分析居民可支配收入水平、年龄分布、地域分布、购买类似产品的支出统计，可以将所有的消费者进行初步细分，筛选掉因经济能力、地域限制、消费习惯等原因不可能为企业创造销售收入的消费者，保留可能形成购买的消费群体，并对可能形成购买的消费群体进行分解，分解的标准可以依据年龄层次，可以依据购买力水平，也可以依据有理可循的消费习惯。这个分解的过程就是确定用户属性。

用户属性是指用户的自身分类属性，包括性别、年龄、身高、职业、住址等基本信息。因此要在民宿开展营销计划前就做好用户属性的分析，找到符合自己产品和品牌定位的用户群体，这样才能针对这些用户群体更好地制订销售计划，刺激他们产生消费行为。

定位到与企业调性相符的用户可以从以下两方面入手。一方面可通过对大规模消费人群的地理位置、消费水平、消费行为、年龄、收入等属性信息进行分析，将具有类似消费行为的群体筛选出来，并与企业的产品和目标进行匹配，得到最终的目标消费群体。另一方面可以通过调查问卷、有奖问答、实地探访等方式进行调查研究分析，了解用户的实际想法，有针对性地根据用户的行为来调整产品定位。

通过提取目标用户属性进行用户分析，可以从中提炼出设计启发，得到用户需求以及民宿产品设计方向。目标用户属性一般可分为两类：通用属性和特征属性。

1. 通用属性

通用属性也可以称作人口学属性，一般包括基础属性、经济属性、文化属性、社群属性等四类。民宿用户基础属性分类的标准见表2-1。

（1）基础属性。用户基础属性包括用户的性别、年龄、文化程度、人种、语种、国家、民族、职业、地域、行业等。

表2-1 民宿用户基础属性分类标准

	分类标准	具体项目
基础属性	所处地区	东北、华北、华东、华南、华中、西南、西北
	所处城市规模（人口）	50万以下、50万~100万、100万~200万、200万~300万、300万以上
	所处地区类型	直辖市、省会城市、大城市、中等城市、小城市、乡镇、农村
	性别	男性、女性
	年龄	6岁以下、6~11岁、12~19岁、20~34岁、35~49岁、50~64岁、65岁及以上
	婚姻状况	单身青年、已婚无小孩、已婚有小孩（子女未满18岁）、已婚有小孩（子女已满18岁）、单身中老年
	职业	工人、农民、公务员、公司职员、个体户等
	收入	3000元以下、3000~5000元、5000~8000元、8000~10 000元、10 000~20 000元、20 000~30 000元、30 000以上
	教育程度	小学及以下、中学、大学、研究生及以上

基础属性里地域属性是民宿营销分析的重要属性，具体的客户生活的城市规模，是属于一线城市、二线城市，属于直辖市还是省会城市，是民宿企业进行用户定位考虑的重要因素。

第二个要着重考虑的是用户的年龄周期。青年、中年还是壮年？已婚还是未婚？是否有孩子？孩子的年龄大小会直接影响到用户对民宿产品的选择。

如图2-1所示，民宿用户年龄在18~30岁的用户占比过半，男女比例基本均衡，上班族成为民宿产品的主力消费群体。

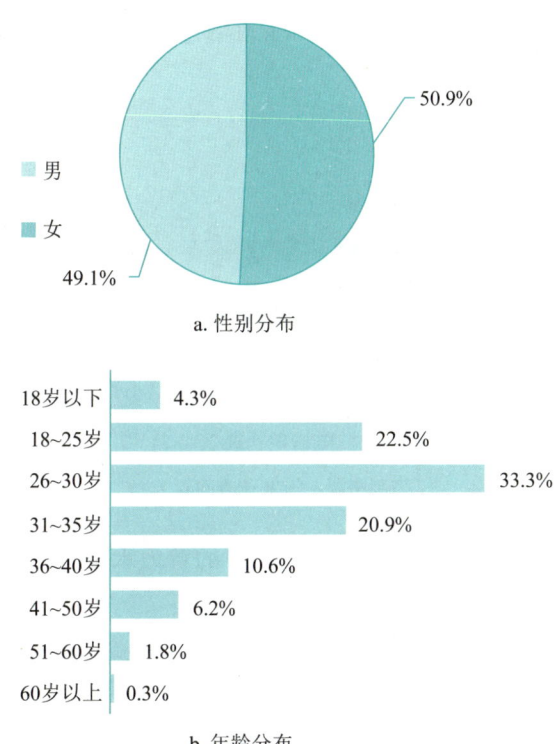

图2-1　民宿用户性别、年龄分布

（资料来源：HCR调查问卷）

（2）经济属性。用户经济属性一般包括用户的经济收入、可支配性收入、付费敏感度等相关因素。民宿用户职业分布如图2-2所示。

如图2-3所示，民宿产品的主力用户以上班族为主，2000~10 000的工薪阶层占比超7成。

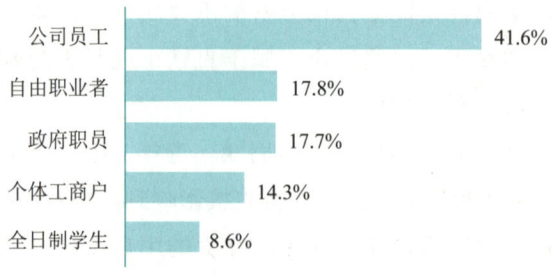

图 2-2　民宿用户职业分布

（资料来源：HCR 调查问卷）

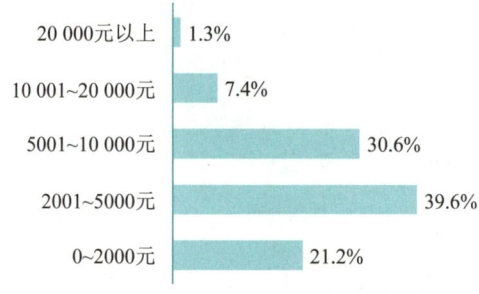

图 2-3　民宿用户收入分布

（资料来源：HCR 调查问卷）

（3）文化属性。用户文化属性包括用户的智力水平、学历层次、所处文化圈、个性化需求等要素。

（4）社群属性。用户社群属性包括民宿用户的交友需求、异性交往需求、归属感需求、合作需求等。

HCR 调查数据显示，从性别来看，在线住宿用户女性用户占比 56.6%，男性用户 43.3%，女性用户稍多。从年龄来看，24 岁以下、24~30 岁、31~35 岁、36~40 岁用户分别占比 16.0%、21.7%、26.8% 和 25.0%，年龄层属于"80 后""90 后"人群。从消费能力来看，中低、中等、中高和高消费者占比分别为 23.8%、23.3%、18.7% 和 26.3%，主要用户消费能力跨度较大。可以看出，在线民宿用户覆盖全部"80 后""90 后"，且性别和消费能力无明显偏好。因此民宿产品具有普适性，具有广泛的用户基础。

2. 特征属性：心理与行为属性

除通用属性外，民宿营销还需要分析用户的特征属性。特征属性是能够对民宿营销推广产生最多价值的属性，需要加以深入分析、提炼挖掘。特征属性一般分为行为习惯特征属性和人性心理特征属性两类。

（1）行为习惯特征属性。行为习惯特征属性是指目标用户的一些行为习惯和特点，包括空闲、忙碌、宅家、经常外出、是否爱好运动、喜欢的交通工具、时间观念等整体行为特征，民宿行为习惯特征属性分析如图 2-4 所示。行为习惯特征属性还可以从用户的日常生活习惯中进行提炼，包括口味、饮食习惯、作息规律等。这部分可根据实际产品的用途和作用，对涉及用户的所处环境、行为习惯进行分析。行为习惯特征属性里通常研究两个要点，一个是用户在消费过程中的行为，以什么样的动机去促进他购买和转化；二是用户在什么样的条件下，以什么样的心理价位能够产生购买行为。

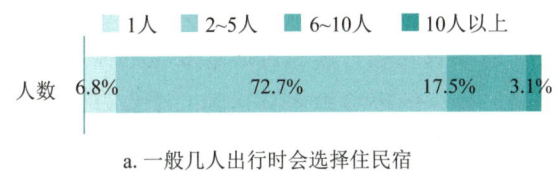

a. 一般几人出行时会选择住民宿

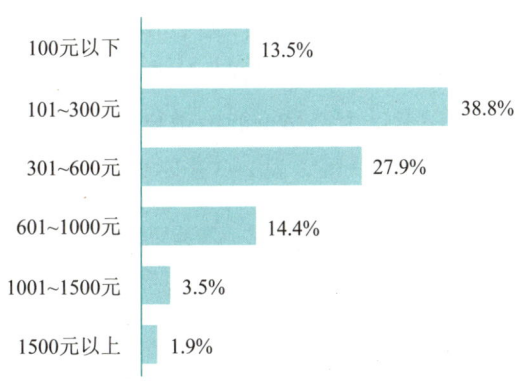

b. 每晚愿意花费在民宿上的平均金额

图 2-4　民宿行为习惯特征属性分析

（资料来源：HCR 调查问卷）

根据统计数据，民宿作为一种非标住宿，一般 2~5 人出行时选择的概率比较大，亲子出行占较大比例，所以在民宿产品设计和营销推广时可以着重

考虑此类用户的行为习惯,以此制订相关营销策略。民宿用户部分行为属性如表2-2所示。

表2-2 民宿用户部分行为属性

分类标准		具体项目
部分行为属性	利益诉求	品牌、质量、价格、功效、样式、包装、服务、速度
	购买理由	一般性购买、特殊原因购买
	使用频率	从未使用、少量使用、中等使用、频繁使用
	品牌忠诚	坚定忠诚、适度忠诚、转移、非忠诚
	影响因素	价格、产品、售后服务、渠道便利性、广告宣传、促销活动、公共活动

(2)人性心理特征属性。通过马斯洛的五层需求模型可以分解出来,人的心理需求是非常丰富的,而且是分层次的,最基本的属性是生存的需要,人们先解决自己的吃饭穿衣问题,然后再追求安全的需要,人们需要在一个相对安全的、封闭的、可控的环境里才能达到一个良好的生存状态。其他三个层次属于社会属性,例如对他人的认可以及自我的实现。我们只有在这个层面上进行拆解,才能进一步分析用户的心理属性。

用户需求的背后,往往是人性在发挥无形的作用。如果能充分利用人性的特点,就可以满足产品战略和商业目标,从而获得产品营销的成功。想要获取这类属性,可以从思考这个产品可能给用户带来的痛点、快点、期待或目前环境中遇到的问题等方面获得。表2-3是常见人性心理特征属性。

表2-3 常见人性心理特征属性

常见人性心理特征属性			
责任感	被认可需求	好奇心	隐私
自制力	分享倾向	使命感	仇富
耐心	辅导能力	攀比心	鄙视
自尊心	竞争压力	虚荣心	迷茫
自信	无私奉献	嫉妒	神秘
绝望	安全	现代化接受度	……

相较于民宿的价格,民宿用户更在意民宿风格、房间卫生条件、大小及地理位置等因素,同时原生态田园风光的民宿风格备受用户青睐,如图2-5、图2-6所示,远离城市喧嚣是用户选择民宿的重要心理需求,这些因素都是民宿营销推广需要考虑的重要因素。民宿用户部分心理属性如表2-4所示。

图2-5　田园风民宿比较受用户青睐

图2-6　民宿房间的风格通常是用户比较关注的

表2-4　民宿用户部分心理属性

分类标准		具体项目
部分行为属性	需求动机	生存、安全、情感和归属、尊重、自我实现
	生活方式	传统、保守、现代、时髦
	感知风险	低风险、中等风险、高风险
	消费理念	节俭朴素、铺张浪费
	个性特征	理智、冲动、情绪、情感
	心态特征	有抱负、自信、积极、乐观、悲观、内向、外向、善于交际

(二)用户行为

用户行为由用户意向左右。用户意向是指用户选择某种内容的主观倾向,表示用户愿意接受某种事物的可能性,是用户行为的一种潜在的心理表现。

民宿产品需要创造价值,就需要和用户建立连接,触发用户消费需求。要实现营销目标,可以从用户行为的三个方面来考虑:

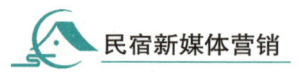

1. 动机

任何行为的背后都有它的动机。这个动机可以是：

愉悦（游戏、电影……）

痛苦（医院排队、春节回家……）

希望（约会、名牌大学……）

恐惧（保险、疾病……）

社会认同（LV、排行榜……）

引导用户的行为，需要找到他的动机。

以微信为例：

1.0 做的是免费发消息。发消息是功能，免费是动机。

2.0 语音是功能，方便是动机。

3.0 摇一摇是功能，猎奇是动机。

4.0 朋友圈是功能，社会认同感是动机。

5.0 打飞机是功能，愉悦是动机。

6.0 红包是功能，社交是动机。

民宿用户本质目的就是追求更高的生活品质，追求更加积极的价值取向、自我价值的实现。动机是行为产生的基础，是我们做产品设计分析用户行为需要思考的第一点。

所以，弄清用户的行为动机是产品营销的首要任务。

2. 能力

用户有没有支付此项消费的能力，是判断用户是否会消费这个产品的重要因素。用户是否有完成这个任务的能力，是我们分析用户行为的第二点。

3. 触发点

用户认可你的产品，也具备购买的能力，此时就需要一个触发点来激发用户的购买欲望。了解用户，在其生活场景中设置恰到好处的触发，而不是打扰。

触发点说简单一点，就是让用户"想起来有这么回事"的提醒机制。例如早上起床闹钟就是一个触发点；微信提示也是一个触发点。需要把触发点和前两个因素结合起来思考。

有效的触发点通常有三个特性：第一，用户感知到触发点；第二，用户能把触发点和目标行为结合起来；第三，触发点发生的时候，用户同时有动机和能力去完成目标任务。

有意愿并且有能力，触发才有价值，才能实现营销目标。

二、构建用户画像

用户画像是表现用户行为、动机和个人喜好的一种图形表示，能够将用户的各种数据信息以图形化的直观形式展示出来，帮助民宿运营人员更好地进行用户定位。

通过对用户属性与用户行为的分析可建立起基本的用户画像模型，然后再将收集和分析的数据按照相近性原则进行整理，将用户的重要特征提炼出来形成用户画像框架，并按照重要程度进行先后排序，最后再进行信息的丰富与完善即可完成用户画像的构建。

用户画像是真实用户的虚拟代表，首先它是基于真实的，不是一个具体的人，其次是根据目标的行为观点的差异区分为不同类型，迅速组织在一起，然后把新得出的类型提炼出来，形成一个类型的用户画像。一个产品大概需要 4~8 种类型的用户画像。

用户画像的 PERSONAL 八要素：

P 代表基本性（Primary）：指该用户角色是否基于对真实用户的情景访谈；

E 代表同理性（Empathy）：指用户角色中包含姓名、照片和产品相关的描述，该用户角色是否引发同理心；

R 代表真实性（Realistic）：指对那些每天与顾客打交道的人来说，用户角色是否看起来像真实人物；

S 代表独特性（Singular）：每个用户是否是独特的，彼此很少有相似性；

O 代表目标性（Objectives）：该用户角色是否包含与产品相关的高层次目标，是否包含关键词来描述该目标；

N 代表数量性（Number）：用户角色的数量是否足够少，以便设计团队能记住每个用户角色的姓名，以及其中的一个主要用户角色；

A 代表应用性（Applicable）：设计团队是否能使用用户角色作为一种实用工具进行设计决策；

L 代表长久性（Long）：用户标签的长久性。

得益于我国旅游业的迅速发展，民宿市场也发展迅猛。据中国旅游与民宿发展协会数据（见图2-7），2016—2019年我国在线民宿房东数量和房源数量均呈现逐年增长态势。其中2019年我国在线民宿房东数量为40万人，房源数量为134万个，为民宿市场的发展奠定了较好的基础。

受新冠肺炎疫情的影响，整个民宿行业的发展也受到严重影响。但随着我国疫情的逐渐平缓，旅游服务业开始逐渐复苏，我国民宿行业发展将大有前景。

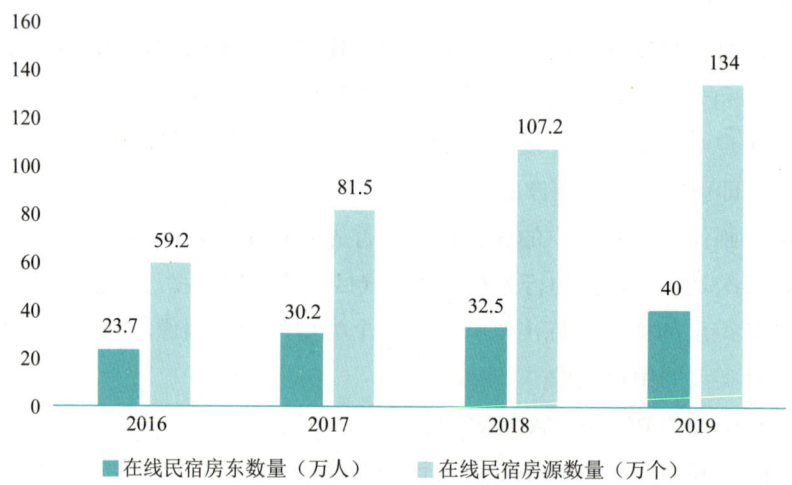

图2-7　2016—2019年中国在线民宿房东数和房源数量情况

（资料来源：中国旅游与民宿发展协会前瞻产业研究院整理）

从民宿用户的性别角度来看，2019年我国民宿行业的用户多集中在男性，其占比达到56.7%（见图2-8）；而从房客年龄分布区间来看，多集中在20~29岁的年轻人群体，占比达到50.1%（见图2-9）。综合来看，目前我国民宿行业的受众逐渐趋于平衡且消费主力逐渐年轻化。

图2-8　2019年中国民宿行业房客性别分布

（资料来源：中国旅游与民宿发展协会前瞻产业研究院整理）

第二章 民宿新媒体营销定位

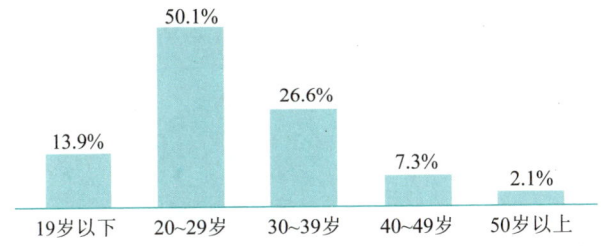

图 2-9 2019 年中国民宿行业房客年龄分布

（资料来源：中国旅游与民宿发展协会前瞻产业研究院整理）

从旅游出行群体角度来看，家庭亲子出游群体是选择民宿的主要群体，由于带娃出行需要考虑的因素较多，而民宿相较于酒店可以提供更多的生活消费场景，如做饭等。据中国旅游与民宿发展协会数据（见图 2-10），2019 年选择民宿的用户群体中，家庭亲子出游群体占比达 22%，居于首位，其次是朋友出游群体，比重为 16.5%。

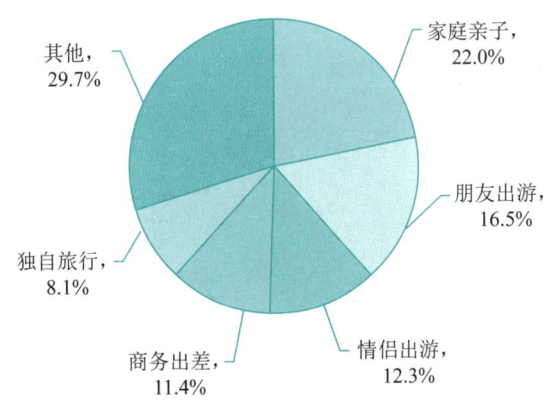

图 2-10 2019 年中国民宿用户群体分布情况

（资料来源：中国旅游与民宿发展协会前瞻产业研究院整理）

目前，我国民宿预订渠道主要有综合类平台（如携程、美团等）、专业民宿预订平台（如途家、木鸟等）以及品牌民宿网站等。据中国旅游与民宿发展协会数据（见图 2-11），2019 年消费者更加青睐在专业民宿预订平台进行民宿预订，其占比达到 50%，主要是由于专业民宿预订平台相较于综合类平台有更优质的产品及服务。

— 43 —

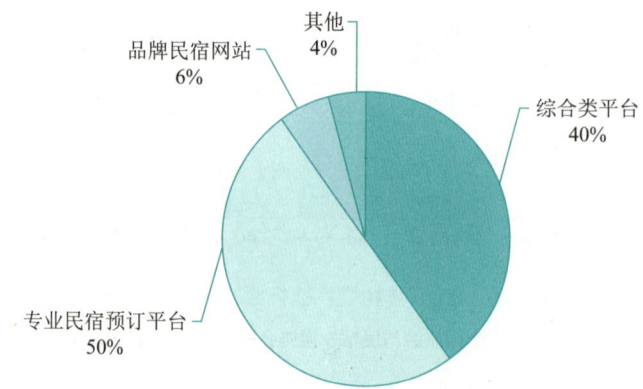

图 2-11　2019 年消费者预订民宿渠道来源分析

（资料来源：中国旅游与民宿发展协会前瞻产业研究院整理）

与此同时，从民宿的入住房型选择上来看，2019 年有 38% 的用户选择二居室房型，二居室成为最受欢迎民宿房型（见图 2-12）。可见民宿的房型已成为其发展的核心竞争力之一。

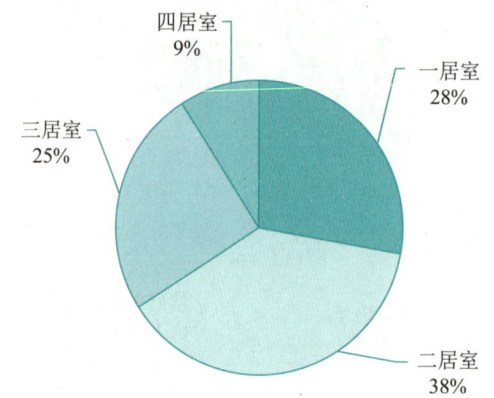

图 2-12　2019 年中国民宿用户入住房型分布情况

（资料来源：中国旅游与民宿发展协会前瞻产业研究院整理）

三、确定用户营销平台

1. 微信

微信营销是网络经济时代企业或个人营销模式的一种，是伴随着微信的火热而兴起的一种网络营销方式。微信不存在距离的限制，用户注册微信后，可与周围同样注册的"朋友"形成一种联系，用户订阅自己所需的信息，商家通过提供用户需要的信息，推广自己的产品，从而实现点对点的营销。

微信营销主要通过手机或者平板电脑中的移动客户端进行区域定位营销。商家通过微信公众平台，结合转介率微信会员管理系统展示商家微官网、微会员、微推送、微支付、微活动，已经形成了一种主流的线上线下微信互动营销方式。

微信营销是建立在微信大量活跃用户的基础上，其特殊的点对点营销模式、灵活多样的营销形式和较强的用户联系性，更是为微信营销提供了更多可能。

微信营销的优势：

（1）据可靠的数据资料，在微信营销后的一年多时间内，微信的用户数量就达到了七亿，发展空间巨大。毫无疑问，微信已经成了当下最火热的互联网聊天工具。2021年微信月活跃用户量已超过12.6亿，发展空间仍然很广阔。

（2）随着智能手机越来越普及，微信已经走向大众化。目前中国智能手机软件市场上微信已占据了霸主地位。

（3）信息交流的互动性更加突出。虽然前些年火热的博客营销也有和粉丝的互动，但是并不及时，除非你能天天守在电脑面前。而微信就不一样了，微信具有很强的互动及时性，无论在哪里，只要带着手机且有网络，就能够很轻松地同你的未来客户进行很好的互动。

（4）很多企业把微信当作移动微博，总是一味地向客户传达信息，而没有认真地关注客户的反馈。有互动功能的，也只是在微信后台设置好一些快捷回复的方案，这种缺乏人性化的沟通方式，极大地损害了用户体验，当客户的咨询无法得到满意回复后，他们的选择就是取消关注。而人工微信客服的核心优势实现了人与人的实时沟通，此时客户面对的是一个个专业的客服人员，对于客户的咨询可以给出满意的回复。

2. 微博

微博随国外媒体平台推特的发展而兴起，是一个通过关注机制分享简短实时信息的广播式社交网络平台，网络上很多的最新动态几乎都是通过微博分享出来的。

微博营销是指通过微博平台为商家、个人等创造价值而执行的一种营销方式，是商家或个人通过微博平台发现并满足用户的各类需求的商业行为方式。微博营销以微博作为营销平台，每一个听众（粉丝）都是潜在的营销对象，企业利用更新自己的微型博客向网友传播企业信息、产品信息，树立良好的企业形象和产品形象。每天更新内容就可以跟大家交流互动，或者发布大家感兴趣的话题，以达到营销的目的，这样的方式就是互联网推出的微博营销。

该营销方式注重价值的传递、内容的互动、系统的布局、准确的定位，微博的火热发展也使得其营销效果尤为显著。微博营销涉及的范围包括认证、有效粉丝、朋友、话题、名博、开放平台、整体运营等。自 2012 年 12 月后，新浪微博推出企业服务商平台，为企业在微博上进行营销提供一定帮助。

图 2-13　新浪微博上的民宿企业账号

微博营销的特点：

（1）发布门槛低，成本远小于广告，效果却不差。140 个字的发布信息，远比博客容易发布，对比具有同样效果的广告更加经济实惠。与传统的大众媒体（报纸、流媒体、电视等）相比受众同样广泛，前期一次性投入，后期维护成本低廉。

（2）传播效果好，速度快，覆盖广。微博信息支持各种平台，包括手机、电脑与其他传统媒体。同时传播的方式具有多样性，转发非常方便。利用名人效应能够使事件的传播量呈几何级放大。

（3）效果针对性强，可利用后期维护及反馈。微博营销是投资少、见效快的一种网络营销模式，其营销方式和模式可以在短期内可获得最大的收益。

(4)手段使用多样化、人性化。从技术上看,微博营销可以同时利用文字、图片、视频等多种展现形式。从人性化角度上看,企业品牌的微博本身就可以将自己拟人化,其形成更具亲和力。

(5)开放性。微博话题涉及泛围广,信息内容可最大化地开放给客户。

(6)传播速度快。微博最显著特征之一就是其传播迅速。一条微博在触发微博引爆点后短时间内互动性转发就可以达到短时间内最多的目击人数。

(7)便捷性。微博只需要编写好140字以内的文案即可发布,从而节约了大量的时间和成本。

(8)高技术性,浏览页面佳。微博营销可以借助许多先进的多媒体技术手段,从多维角度的展现形式对产品进行描述,从而使潜在消费者更形象直接地接受信息。

(9)操作简单,信息发布便捷。一条微博最多140个字,只需要简单地构思,就可以完成一条信息的发布。

(10)互动性强。能与粉丝即时沟通,及时获得用户反馈。

3. 问答平台

问答平台营销是一种以内容质量来获取粉丝的方式,其内容在搜索引擎中能够获得较好的排名,具有较为精准的营销效果。

问答营销属于互动营销方式,是互动营销介于第三方口碑而创建的网络营销方式之一。问答营销既能与潜在消费者产生互动,又能植入商家广告,是做品牌口碑营销、互动营销不错的方式之一。

问答营销的特点:

(1)互动性。问答类的互动可以充分地补充网站内容的不足,也能完善读者的知识面,这样的互动不仅达到了针对性的效果,也达到广泛性的效果。

(2)针对性。问答可以针对某个目标群体,根据群体的特点选择关注的焦点,充分调动这个群体的力量,达到具有针对性的效果;也可以针对话题做讨论,让更多的人来参与,达到人群融合的效果。

(3)广泛性。问答营销的特点本身就决定了问答营销的广泛性。一个问题可以引来不同人群的讨论,一个事件可以引来不同人群的评论,品牌的建议可以从问答获取。

(4)媒介性。可以通过文章或者问题的形式在各大平台或者媒体投稿,只要稿件或者问题通过,那么借助媒介可以达到更好的效果。比如做发电机的人可以把发电机的技术指标问题发布到相关的论坛，论坛里会有很多高级工程师评论和回答，可以从中借鉴其内容。

（5）可控制性。平台或者媒介可以通过审核的方式来控制评论，去除重复的、不符合规定的评论，从而达到让读者受益、让内容健康的效果。

4. 社区论坛

随着中国社会经济的蓬勃发展，目前城市中绝大多数人口已经按照自身居住的业态形成了一种社区化的生活方式，而社区营销恰恰是在这样的大环境与背景下诞生的事物。由于传统分销渠道竞争的日益加剧，进行渠道创新往往成为一些企业出奇制胜的法宝。在城市中，星罗棋布的社区蕴藏着巨大无比的潜力。因此，在社区中营销已经逐渐被一些企业视为一种全新的分销方式，并被越来越多的企业所关注。

社区论坛中聚集了大量的潜在用户，在其中进行营销可以引流，聚集人气，是活动或品牌推广的不错选择，如百度贴吧、豆瓣等论坛都是较为常用的社区论坛。

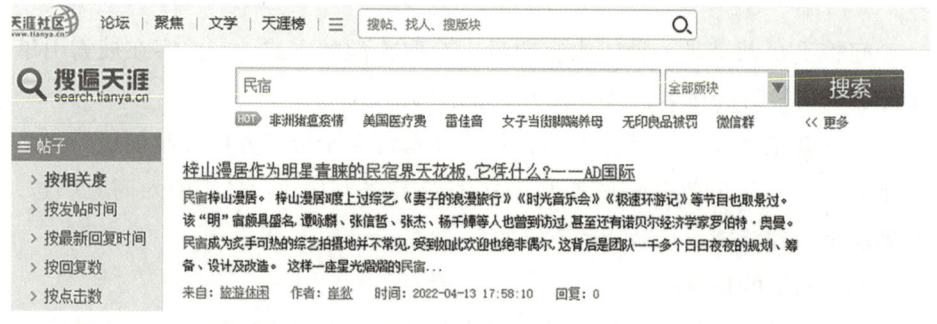

图 2-14　天涯社区论坛截图

社区营销的优势：

（1）直接面对消费人群，目标人群集中，宣传比较直接，可信度高，更有利于口碑宣传。

（2）可通过氛围制造销售，投入少，见效快，利于资金迅速回笼。

（3）可以作为普遍宣传手段使用，也可以针对特定目标，组织特殊人群进行重点宣传。

（4）能直接掌握消费者的反馈信息，可根据消费者的需求及时调整宣传战术和宣传方向。

5. 视频平台

视频营销是基于视频网站的网络平台营销，主要以内容为核心、创意为导向，利用精细策划的视频内容实现产品营销与品牌传播的目的，是视频和互联网相结合的产物，具备二者的优点；既具有电视短片的优点，如感染力强、形式内容多样、创意新颖等，又有互联网营销的优势，如互动性、主动传播性、传播速度快、成本低廉等。

视频平台可以更直观地将产品或品牌信息传达给用户，更好地进行内容的融合。同时，视频平台中的弹幕功能还可以与用户进行互动，更方便获得用户的反馈信息，腾讯视频、哔哩哔哩等都是目前较为典型的视频网站。

图 2-15　抖音上的民宿账号

四、提供用户服务

首先，要充分了解民宿行业的情况，了解自身产品特点，再根据这些内容有针对性地进行用户的产品服务定位，将服务定位在目标用户更加偏好的方面，让目标用户感知到企业与他们的需求是一致的，以提高用户的认同感和忠诚度。

其次，还要从目标用户需求的角度体现出服务的差异化，突出与竞争对手之间的差异，最终打造出属于自身的特色服务，在用户心中形成独特的心理烙印。

提供优质的用户服务一般有以下五个技巧：

1. 表现出你的关心

提供优质客户服务的第一个技巧就是要表现出你的关心。客户希望受到关注，希望自己的每一句话和要求都能够得到回应。客户喜欢被需要和认可的感觉，因此，要尽量满足他们的需求，还可适当对产品保持忠诚的客户给予奖励。

2. 出色的产品和服务

如果你的产品足够优秀，可为客户创造非凡的体验感，客户自然会分享你的产品。为客户创造非凡的体验，要像对待亲人一样，他们不仅会分享你的故事，还会帮助你发展业务，这些都是优秀的客户服务工作所做的。

3. 始终站在客户的角度考虑问题

另一种提供优秀客户服务的方法是站在客户的立场上思考问题，试着想想他们的处境。尽量不要用技术性的语言来烦扰客户，有时候直接讲解决方案，会达到更好的效果。

4. 表现出主动性，把事情做好

做一个主动的人。客户想要做某件事，只要在合理范围内，就应该想办法协助其完成。客户满意就会有一个满意的雇主，而一个满意的雇主会帮你买到你想要的东西。

5. 快速回复客户询问

尽自己最大的努力，快速回复客户的询问是非常重要的。迅速而有效地回答客户的问题，使客户可以在第一时间联系到，比如听到电话铃声，最好马上回应客户，不要让其等待，快速帮其解决问题。

【案例2-1】

桂林市品牌民宿的新媒体营销推广——隐享

"桂林山水甲天下"，桂林民宿以得天独厚的旅游资源为依托，围绕山水而建，使民宿与自然风光融为一体，具有灵动性。桂林民宿大多"隐于市"，分散"洞藏"于不同位置，优质的旅游资源除了位于市区外，还分布在阳朔县、龙胜县、灵川县大圩镇等周边地区，这使得市场主体相对分散，且规模大小不一。尽管现在交通便捷，但运用传统的营销推广方式明显无法有效提高客流量。一些民宿主也认识到，民宿的营销推广不能仅依赖于传统营销推广方式，需要学习、运用新媒体平台，通过"信息大爆炸"，才能把"深巷中的美酒"之香传递至消费者面前，从而增加营业额。

图 2-16 桂林遇龙河畔风光

为增加自身品牌的影响力,桂林民宿在发展过程中采用不同类型的新媒体进行营销推广。目前隐享旗下共有四种不同风格的民宿,分别是轻奢民国风民宿"隐享·玖号别苑"、酒店式民宿"隐享·澜山公馆"、中式庭院设计民宿"隐享·春天里"以及摩洛哥风格民宿"隐享·艺宿"。隐享品牌民宿以"大隐隐于市"为主要选址方向,基本上都分布在市中心周边的小区,这不仅使民宿能够拥有更广阔的空间建设,也能够给消费者更多居家式体验服务。隐享民宿新媒体营销推广主要采取以下几种新媒体类型:

1. 隐享桂林微信公众号

隐享桂林微信公众号最早开设于 2017 年 8 月 23 日,并相应推出配套小程序"隐享桂林 INSHARE",截至目前该公众号共发布 19 篇原创文章。该公众号与小程序均提供民宿在线预订功能,除此之外,隐享桂林公众号还会推送隐享品牌理念等图文并茂的文章。所推送的文章风格多以简约、唯美为主,配以精心写作的民宿体验报告、民宿活动内容等叙述性文字,并辅之以富有设计感的文章排版,将隐享民宿全面呈现给目标消费者,这有利于增强消费者对隐享品牌的认同感。

2. 隐享桂林微博账号

相对于受众面较窄的隐享桂林微信公众号,其微博的受众面更广阔,"隐享"民宿自开通微博账号以来共有 50 条微博,粉丝 405 人。该微博账号内容大多是一些民宿日常活动以及转发与隐享相关的游客微博，与微信公众号文章篇幅不同，隐享民宿的微博内容以精简为主，用言简意赅的文字将民宿活动展示出来，合理利用潜在消费者的碎片化时间，吸引消费者的眼球。隐享旗下4家民宿风格不尽相同，各具特色，不少消费者在入住后都会选择在民宿内拍照，部分消费者还会将照片上传至个人社交账号，隐享微博账号常会转发消费者发布的照片，以消费者的视角展示最真实的民宿景色，这种方式使得隐享民宿的宣传更具信服力。

3. 隐享小红书系列账号

不同于隐享桂林品牌微信公众号、微博账号，隐享在小红书中共有5个账号，分别是"隐享·精品民宿""隐享·少帅""隐享·艺宿""桂林隐享·玖号""桂林隐享·春天里民宿"，相对应的是隐享品牌官方以及旗下4家民宿，该系列民宿账号截至目前累计发布笔记26篇，粉丝22人。

4. 隐享抖音系列账号

隐享民宿在抖音中共开设了3个账号，分别是"桂林隐享·INSHARE""桂林隐享·澜山公馆""隐享·玖号别苑"，但在运营数据方面不容乐观，截至目前粉丝合计不超过百人，视频数26条。

［资料来源：张超凡，李海平. 新媒体背景下桂林市特色品牌民宿营销与推广——以隐享为例［J］.品牌与营销2021（1）.］

案例点评： 通过隐享的新媒体营销推广应用分析可以看出，隐享品牌对新媒体平台的选择具有多样性，试图从各方面建立新媒体矩阵营销推广体系。但从数据上来看，隐享品牌在各个平台上取得的效果参差不齐，而且数据普遍偏低。隐享品牌在微信公众号、微博、小红书及抖音等多个新媒体平台都开设了账号，且定期有一定的内容发布，但大多收效甚微。从内容上看，隐享品牌在各个平台上以围绕民宿自身的特色、消费者的入驻体验及民宿活动为主，然而这些内容具有时效性，不利于长期维持并增长用户，较差的用户反馈反过来也会降低平台运营人员的积极性，从而导致账号更新越来越慢，内容质量也不高，这样会导致用户严重流失。

第二节　民宿新媒体营销内容定位

一、内容营销的概念

对于内容营销的概念，至今也没有定论。李蕾（2014 年）认为内容营销是指涉及媒体内容创建与共享的所有营销形式，目的是接触和影响现有客户与潜在客户，它并不着眼于销售，而是单纯地与客户进行沟通；李芳（2017 年）提出，企业只有创造并发布兼具价值性和娱乐性的内容，才能引起用户的自发关注，并形成分享传播，用户从内容进而关注企业品牌，实现对消费行为的转化，为企业创造收益，其整个过程就叫做内容营销；冯英健（2016 年）在《网络营销基础与实践》一书中指出，内容营销顾名思义就是通过合理的内容创建、发布及传播，向用户传递有价值的信息，从而实现网络营销的目的。

内容营销是现在主流的营销方式，可以将图片、文字、视频和音乐等元素以内容的形式呈现出来，使其成为用户可以消费的信息。如淘宝头条和京东快报就是最为典型的内容营销方式，它们通过文章的形式将需要营销的内容转化为有价值的服务，剖析和满足目标用户的需求，进而吸引用户点击、阅读，从而引起用户的购买兴趣。

传统的营销模式习惯于直接展示产品，并通过重复品牌的形式来吸引用户。内容营销打破了传统营销的固有模式，企业首先需要了解用户想了解的信息，然后针对这类信息进行主动且专业的解答，通过帮助用户解决实际问题的方式培养起用户对品牌的信任度，最后再顺理成章地引导用户购买产品。

内容营销是一种营销策略，综合各种关于内容营销的定义，它包含了以下要素：

（1）内容营销适用于所有的媒介渠道和平台。

（2）内容营销要转化为为用户提供一种有价值的服务，能吸引用户、打动用户，影响用户和品牌/产品间的正面关系。

（3）内容营销要有可衡量的成果，最终能产生盈利行为。

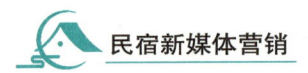

二、内容的表现形式

1. 文字

文字是内容信息最直观的表达，可以准确传递内容的核心价值，不容易使用户产生误解。同时，文字的表现手法多样，不同的写作方法可以带来不同的营销效用，可以快速吸引用户的注意并引起用户的共鸣。

以文字形式表达内容时一般字数较多，篇幅较长，此时要注意文字描述准确，用语简洁，每个段落的文字不要过长，要以用户方便阅读为宜。

2. 图片

新媒体营销中的图片内容展示可以全部是图片，也可以将文字作为图片的一部分融合到图片中，使图片既能更鲜明地表达主题，又能快速提升用户的阅读体验。但要注意文字在图片中的比例或文字的大小要适宜，以保证查看图片时文字内容能清晰展示且不遮挡图片效果。

3. 视频

与文字、图片等形式的内容相比，视频是目前较为主流的新媒体内容表现形式。它能够更加生动、形象地展示内容，具有很强的即视感和吸引力，可增强用户对营销内容的信任。

在使用视频作为新媒体内容的表现形式时，可直接拍摄内容信息，也可以对视频进行编辑，但要保证视频内容的真实性，不能为了营销效果拼接虚假视频片段。

4. 音频

以音频方式进行新媒体营销时，要保证录音环境没有多余的杂音，吐词清晰，语速适当，用语简明，以让用户容易理解和接受为重点。

三、内容定位的原则

内容定位可以帮助新媒体营销人员确定营销方向，内容的定位要满足以下几个原则：

1. 内容要满足用户需求

内容定位要从用户需求的角度进行考虑，从用户的需求中挖掘痛点，再以内容的形式展示出来，以打动用户，进而实现产品销售的目的。以海边民宿为例，用户选择海边民宿的主要心理需求以陶冶情操、浪漫情怀为主，所以该民宿在内容选择上就要更多地体现情怀，从而打动用户，获得直接收益。

2. 内容要符合营销目的

营销的目的不同，内容写作的方向就不同，所要呈现给用户的内容侧重点因此也就不同。要选择能够直接引导到产品链接页面的营销平台，并在内容中突出目标用户的痛点，触发消费欲望。

3. 内容要贴合运营人员的能力

内容写作不是随便想想就能写出来的，运营人员的写作能力直接影响到内容的呈现。运营人员要明确自己在做运营时的优势，尽量利用自己的优势进行内容定位，这样才能更好地完成内容的写作。

4. 内容风格的统一

内容要与民宿产品或品牌的定位相符合，保持内容风格、用语等项目的统一，以提升内容的专业性与用户的阅读感受。

四、内容定位的过程

视频2-1：民宿新媒体营销内容定位

1. 圈定目标人群

圈定目标人群是指圈定具有重点价值的用户群。原则上来说，一个产品的目标用户范围通常会比较广。而在这个大范围的用户群体中，并不是每一个用户都能为产品创造价值，用户对产品的接受度、了解度都会影响到最终的销售效果，企业不可能在每一位可能的用户身上投注成本，因此需要圈定核心目标用户，尽可能缩小投入范围，解析核心目标用户的消费方式、消费习惯和消费心理，挖掘他们的卖点和痛点，针对核心目标用户部署营销策略，提高推广的精准性。

2. 找到合适的营销方式

不同的产品和品牌、不同的营销目的、不同的营销途径，通常都会有各自适合的营销方式。比如很多知识型自媒体喜欢通过出版图书、发布热门文章的方式进行推广，一些知名的达人、名人喜欢通过演讲、直播的方式进行宣传，很多网络红人喜欢通过拍视频的方式进行营销。营销方式的选择并没有固定的标准，只要该营销方式可以更恰当、更完整地对营销内容进行表达，或者该营销方式是自己比较擅长的领域，就可以针对所选择的营销方式进行

专门的内容策划。

3. 寻找适合的媒介

新媒体为内容营销提供了广阔的平台，每一个平台都有其特点和优势，可以根据具体的营销策略选择适合自己的平台或者全平台进行推广。此外，还可以借助有影响力的人力因素进行推广，比如自由撰稿人、合作伙伴的推广渠道、行业意见领袖、高人气达人、忠实优质的粉丝等。

4. 对内容进行策划和包装

好内容需要好宣传，懂得适当地在不同时段上反复使用、包装内容，可以有效增加内容传播的宽度和广度，同时保持内容在核心目标用户中的曝光率。

5. 打造内容亮点

在进行内容营销的过程中，往往难以保证每一个内容推广的亮点，但依然要将亮点作为内容营销的重点。

打造亮点的因素一般有以下几个：

（1）关键词。关键词在文章中具有重要的意义，只有能够被用户关注和搜索的内容才能发挥价值，所以选择关键词是内容成功推送的关键。

（2）价值。内容营销应该凸显自己产品的价值，让自己的产品能够从同类产品中被用户认识和区分。

（3）用户。用户是产品营销的目标人群，想要拥有用户，就要了解用户，充分挖掘用户的需求和痛点，设计用户需求触发点，为用户提供真正需要的信息。

（4）品牌。品牌设计能够有效提高用户对产品的辨识度、接受度和忠诚度，所以内容营销要有意识地树立和宣传品牌，设计产品风格和个性化品牌。

6. 设计便捷的转化入口

一般来说，用户刚接受信息的时候是转化的最佳时刻，时间间隔越久，入口操作越复杂，用户的转化率就越低。

由于内容的发布渠道很多，每一个渠道都拥有不同的入口和功能，所以营销人员可以选择合适的渠道进行内容的营销和发布，也可以自己制作方便用户转化的二维码或导向链接。

7. 效果的追踪和反馈

一般来说，衡量内容营销的质量和效果可以遵循内容制作效率、内容传播广度、内容传播次数、内容转化率等指标。根据各项指标的实际表现对内容营销的效果进行评价和判断，再对表现不佳的指标进行优化改善，从而获取更大的营销价值。

思考与练习

一、简答题

1. 什么是用户画像？它是怎么产生的？
2. 如何选择适合自己民宿的营销平台？
3. 如何为一个民宿进行内容营销定位？

二、实训题

1. 在新浪微博中搜索一个当前热门话题，根据话题确定内容写作方向，并拟定一个提纲。
2. 结合滴滴被罚 80.26 亿元人民币事件，试述新媒体营销中信息安全的重要性。

三、教学实训项目

实践教学主要内容

与民宿合作，教师带领学生对民宿开展用户属性调研，完成用户画像并确定合适的营销平台。

实践教学主要完成过程

实训项目	调研民宿客户属性，绘制客户画像
实训地点	当地民宿
实训目的与要求	运用民宿用户定位理念，对民宿用户属性进行定位，并针对该属性选择营销平台
实训设备及材料准备	笔记本、电脑等
模拟情境描述	组织学生赴当地民宿或学校校外实训基地，对其线上、线下用户进行调查，确定民宿用户的基本属性及特征属性，根据调研数据，绘制客户画像，对民宿用户进行精准定位。针对该类用户确定合适的营销平台，并尝试编辑内容营销文案

续表

模拟训练要求	1.学生分组,五人一个小组,通过访谈、查看民宿线上、线下入住客户的基本信息,进行用户属性归纳 2.学生分工明确,团结协作,运用沟通技巧,合理、有序、深入地开展各项工作 3.运用用户属性理念,分别归纳总结民宿用户的通用属性和特征属性,绘制用户画像,明确营销平台,进行精准营销
任务考核	任课教师、民宿管家、民宿主人对学生的调研报告共同打分,对小组提交的用户属性分析的专业性、精准性,以及平台选用的可操作性进行评价打分

第三章
民宿新媒体营销策划

| 本章导读 |

民宿相较于传统的酒店为游客提供了更为便捷且更具有文化底蕴的住所。在互联网时代,民宿产业在新媒体营销中存在的营销意识缺乏、创新意识不够以及线上线下的互动性不强等问题显著,应该加强培训,提升民宿产业的新媒体营销意识,策划多种营销活动,整合资源形成新媒体营销的创新合力。

学习目标

1. 了解民宿新媒体营销的概念。
2. 熟悉新媒体营销的特点及策划要素。
3. 了解新媒体事件营销的策划与实施。
4. 了解新媒体互动营销和社群营销的特点。

思政目标

1. 围绕着"融入乡村振兴,担当社会责任"大背景,注重培育学生实践运用能力和创新意识。
2. 通过本章的学习,让学生具备将民宿新媒体营销策划和民俗文化等传统元素相结合的意识,坚定文化自信,繁荣乡土文化。

思维导图

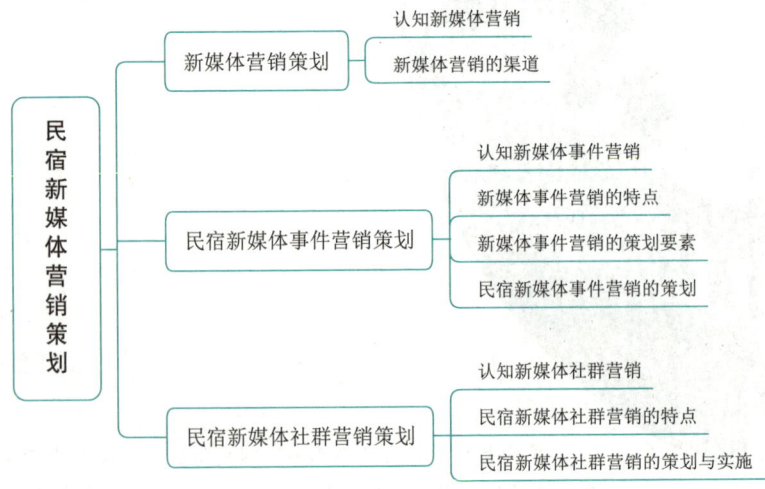

第一节 新媒体营销策划

一、认知新媒体营销

新媒体营销是指利用新媒体平台进行营销的方式。在 Web2.0 带来巨大革新的时代，营销方式也变革了，更具有沟通性（Communication）、差异性（Variation）、创造性（Creativity）、关联性（Relation）、体验性（Experience），互联网已经进入新媒体传播时代。

企业追求的"覆盖量"，在报纸、杂志方面指的是发行量，在电视广播方面指的是收视（听）率，在网站方面指的是访问量。这种传播方式本质上属于宣传模式（Propaganda），但传播路径是单向的，很难探测受众看到广告后的反应。而新媒体的营销模式是将宣传模式向参与度（Involvement）改变。新媒体营销是在特定产品概念诉求的基础上，对消费者进行心理引导的营销推广方式。

对于大部分产业来说，媒体传播性是一个构成产业市场发展本身的极其重要的组成元素，在品牌传播、影响力扩散、项目招商、赞助合作等方面发挥着重要作用。

【案例 3-1】

途家民宿：2021 年乡村民宿订单量同比增长三成

"疫情以来，周边游替代了长途旅游，这两年民宿成为越来越多人的选择。"民宿主周成介绍，如今，在距乌鲁木齐市中心 50 公里左右的板房沟镇七工村，已经有近 80 家民宿扎堆，而在南山景区，有 220 多家民宿在运营。

来自国内最大的民宿平台——途家民宿的数据，也印证了乡村民宿的火爆。2021 年，途家平台上乡村民宿订单量，同比 2020 年增长了三成，为乡村房东创收逾 20 亿元。

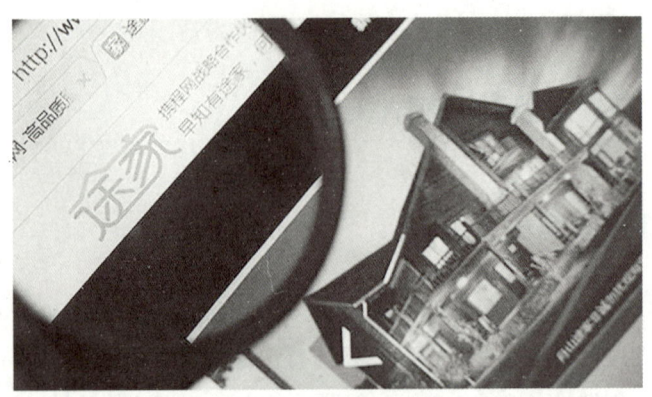

图 3-1　途家民宿预订

据途家民宿相关负责人介绍，目前途家平台上已经有 200 多万家民宿房源在运营，全国民宿已经超过 350 万家。其中，乡村民宿是疫情后增速最快的一个市场。

"乡村民宿预订量占比从疫情前的三成左右，增长至四成左右。"据分析，疫情影响下，跨省游受到限制，近郊游和更宽松的扶持政策都有利于乡村民宿的发展。

（案例来源：作者根据下列新闻整理　北京商报，《途家民宿：2021 年乡村民宿订单量同比增长三成》）

思考： 途家等预订平台的出现为民宿主带来了怎样的商业契机？

案例分析： 互联网的介入为民宿推广拓展了目标顾客的范围，有效传播了不同民宿的吸引点和顾客体验评价，让体验变得更透明。

二、新媒体营销的渠道

新媒体营销的渠道主要包括门户网站、搜索引擎、微博、微信、SNS、博客、播客、BBS、RSS、百科、手机、移动设备、APP 等。其中 APP 小红书是民宿低成本获客的流量洼地，其用户以 90 后、95 后年轻女性为主，与民宿的用户高度重叠。同时小红书内容以图文为特色，运营门槛较低，千字以内的图文笔记更容易收藏，出行前、中、后全方位影响消费者的决策。

极光大数据发布的《2021 年 Q4 移动互联网行业数据研究报告》指出，2018~2021 年手机网民每天观看短视频的时长占比从 10.8% 攀升到 32.3%，成

第三章 民宿新媒体营销策划

为移动端占据用户时长最高的。互联网的停留时长增加，可为企业的渗透式营销提供方向。

新媒体营销的媒介非常多，但并不意味着民宿主需要将所有精力都放在一种渠道上，因为新媒体营销并不是单一选择上述渠道进行营销，而是需要整合多种渠道，甚至可以与传统媒介营销相结合，形成全方位立体式营销。

【案例 3-2】

被综艺捧红的民宿火了，关键能活多久？

湖南卫视综艺节目《妻子的浪漫旅行 4》在国庆节前收官，微博话题的总阅读量高达 2.4 亿，四季累计的微博话题总阅读量高达 188.2 亿。这本是一个夫妻治愈观察真人秀节目，却被许多观众誉为"行走的民宿种草机"。

许多忠实粉丝，在刚刚过去的国庆假期专门打卡了第四季中的拍摄地之一——位于西双版纳的一家民宿。在某大型预订平台上查询该客栈 10 月 8 日晚的住宿，价格从 2760 元到 7360 元不等，均已早早被订完。日期换到淡季的 11 月中旬，最便宜的房型也接近 1500 元，远高于当地绝大多数豪华品牌酒店，且部分房型也提前一个月售罄。而对比同一日期，当地的四星级酒店基本只需 600+/房晚。民宿价格可以卖到如此之高，显然更多归功于热门综艺节目的强效宣传以及随之带来的品牌溢价。

这家开业不到一年的民宿，今年 3、4 月还在拼命搞促销，没想到随着《妻子的浪漫旅行 4》的播出，从 6 月底开始忽然就成为今年最火的网红民宿之一，不仅房价飙涨，想住还要靠抢！

（案例来源：作者根据下列新闻整理 南都周刊《被综艺捧红的民宿火了，关键能活多久？》）

思考：这家民宿的溢价是其自身服务和产品带来的还是其他因素带来的？这样的热度可以持续多久？如何能维持这种热度？

案例分析：民宿自身的特色通过综艺节目平台进行了深度的介绍和传播，同时利用明星效益引发粉色的追崇。在一段时间来看，利益是远远大于风险的，但也不排除其他民宿进行同质化的模式复制的可能。那接下来的对比可能就不仅仅局限于民宿之间了，可能拓展到了栏目组和明星之间的较量。

1. 搜索引擎营销

搜索引擎营销（Search Engine Marketing，简称 SEM）是全面有效地利用搜索引擎来进行网络营销和推广的方法，作为新媒体营销中主要的营销手段之一，其拥有巨大的用户访问量。搜索引擎营销的主要模式大致可以分为以下四种：搜索引擎登录、搜索引擎优化（Search Engine Oplimization，简称SEO）、关键词广告和竞价排名。搜索引擎营销不仅使消费者在使用搜索引擎的方式获取有价信息方面变得便捷，而且当民宿利用了这种被用户检索的机会可以使民宿能够及时、准确地向目标客户群体传递各种产品与服务信息，挖掘更多的潜在客户，帮助民宿实现更高的转化率。

2. 微信

微信活跃用户群体庞大，引来众多"淘金者"。在微信平台上，民宿常用的新媒体营销工具和资源包括微信公众平台、微信个人号、微信群、微信广告资源。民宿及运营机构可通过注册微信公众号获得微信官方认证，同时根据自己的定位建立知识库。还可以选择把民宿某个定向领域的信息通过专业的知识管理手段整合起来，建成一个庞大的知识检索库，通过将知识与最新的社会热点相结合，变成对目标客户的增值服务内容，这是一个吸收粉丝的有效措施，同时能够提高目标客户的满意度。在吸纳了一定会员数量之后，再通过会员定制特权开展优惠活动，维护客户忠诚度。

3. 微博

近几年，有观点认为微博活跃度下降了，周边的好多人都玩微信，都不怎么玩微博了，这不过是假象。微博和微信本质不同，微博是社交媒体，微信是社交IM（即时通信系统），所以，热点事件爆发之后，会率先在微博上发布话题，而非在微信上。另外，持微博活跃度下降观点的人，忽略了中国互联网的分层和渗透速度。根据微博财报，其自上市以来，活跃用户连续九个季度保持30%以上的增长。微博和微信各有其优劣势。在微博平台上，企业常用的新媒体营销工具和资源包括微博企业自媒体和微博广告资源。

4. 直播

网络直播最大的特点是直观性和即时互动性，其代入感强。当网络直播与互联网金融结合，民宿网络直播便在信息披露、用户沟通、宣传获客等方面大展身手。

【案例3-3】

民宿抖音运营的增长

"订单来了"所运营的花鸟岛花屿爱丽丝民宿仅1个月就做到百万GMV，实现最低成本最大收益。

图3-2　花鸟岛花屿爱丽丝民宿

该民宿主打一线海景房、无边泳池、海岛民宿等特色优势，抓住暑假热度进行上线和宣传，于2022月5月上线抖音团购内容：房间+特色赶海活动+特色漂浮早餐，套餐折扣力度大，效果较佳。其抖音运营的关键策略非常值得借鉴，首先产品SKU（StockKeepingUnit，库存量单位）符合抖音生态，可以吸引客人点击；同时100+达人直发做内容，门店引导客人打卡发视频，增加线上热度；占领了舟山市抖音客栈民宿热销榜单第1名、打卡榜单第1名、好评榜单第1名、种草榜单第1名的民宿；其中最火的一篇素人视频点赞2W+、转化8W+；最火的一篇达人视频点赞1W+、转化15W+。

（案例来源：作者根据下列新闻整理"订单来了"服务公众号，《仅1个月GMV破百万，揭开民宿抖音运营的增长密码》）

思考：花鸟岛花屿爱丽丝民宿是如何打造新媒体营销策划的？请结合当下情况，选择一家民宿做出一个新媒体营销策划的构思。

案例分析：民宿虽小五脏俱全的同时也应该各具特色，如何让目标顾客群了解到自己是民宿主应该思考的问题，而通过互联网进行推广可说是当下最好的选择。

第二节 民宿新媒体事件营销策划

一、认知新媒体事件营销

事件营销（Event Marketing）是企业通过策划、组织和利用具有新闻价值、社会影响以及名人效应的人物或事件，吸引媒体、社会团体和消费者的兴趣与关注，以提高企业或产品的知名度、美誉度，树立良好的品牌形象，并最终促成产品或服务销售目的的手段和方式。20世纪90年代后期，互联网的飞速发展给事件营销带来了巨大契机。通过网络，一个事件或者一个话题可以更容易地进行传播、引起关注，成功的事件营销案例开始大量出现。通过把握新闻规律，制造具有新闻价值的事件，并通过具体的操作，让这一新闻事件得以传播，从而达到广告的效果。民宿事件营销可以充分利用互联网新媒体平台获取事件、制造事件，也可以传播事件。

事件营销是近年来国内外民宿十分流行的一种公关传播与市场推广手段，集新闻效应、广告效应、公共关系、形象传播、客户关系于一体，并为新产品推介、品牌展示创造机会，建立品牌识别和品牌定位，形成一种快速提升品牌知名度与美誉度的营销手段。

【案例 3-1】

为浙江 G20 免门票　精准营销创新高

据贵州省旅发委消息，2016年，贵州省副省长带队赴浙江杭州举办"多彩贵州"携手"诗画浙江"喜迎 G20 峰会（杭州）旅游推介会，并送上了超级大礼包：G20 峰会期间，贵州省内景点对浙江游客全部免票，航空、公路、铁路等多方面也有优惠政策。

（案例来源：作者根据下列新闻整理 搜狐网 为浙江 G20 免门票 精准营销创新高）

思考：请结合青岛国际啤酒节，为山东省青岛市某崂山民宿做一个完整的事件营销方案。

图3-3 青岛国际啤酒节

案例分析： 贵州针对杭州G20的一次精准营销，又一次让大众对贵州的营销高度有了新的认识，精准锁定目标顾客群，采用引流的形式为贵州代言。免门票带来的背后经济是庞大的，一张门票可以换来的是住宿、餐饮、交通等大消费的正向刺激。

二、新媒体事件营销的特点

1. 目的性

事件营销应该有明确的目的，这一点与广告的目的性是完全一致的。事件营销策划的第一步就是要确定自己的目的，然后明确通过什么样的新闻可以让新闻接受者引起共鸣，进而达到自己的目的。有些民宿主会请名人或出名的旅游博主来代言，利用他们强大的市场号召力来宣传自己的品牌，通常能够起到很好的效果。

2. 风险性

事件营销的风险来自媒体的不可控和新闻接受者对新闻的理解程度。如果某民宿过度包装事实，一旦曝光则会对民宿企业产生负面影响。

3. 成本低

事件营销一般主要通过软文形式来表现，而后通过媒介裂变达到传播的目的。一般来说，事件营销相对于平面媒体广告来说成本较低，较适合轻资

产的民宿业。

4. 多样性

事件营销是国内外十分流行的一种公关传播与市场推广手段，具有多样性，集新闻效应、广告效应、公共关系、形象传播、客户关系于一体。进行事件营销策划时，多样性的事件营销已成为营销传播过程中的一把利器。

5. 新颖性

大多数受众青睐新奇、反常的事件，而事件营销恰好体现它的新颖性，从而吸引用户点击，同时事件营销往往是依托当下的热点事件来进行营销。

6. 求真务实

网络把传播主题与民宿受众之间的信息不平衡彻底打破，所以事件营销不是恶意炒作，必须做到实事求是，不弄虚作假，这是对民宿网络事件营销最基本的要求。这里既包括事件策划本身要"真"，又包括由事件衍生的网络传播也要"真"。

7. 以善为本

以善为本，就是要求事件的策划和网络传播都要遵守自觉维护公众利益和勇于承担社会责任的原则。随着市场竞争越来越激烈，民宿的营销管理也不断走向成熟，民宿在推广品牌时策划事件营销就必须走出以"私利"为中心的误区，不但要强调与公众的"互利"，更要维护社会的"公利"。

8. 全面系统化

全面系统化就是要求网络事件策划要注重民宿行为的自我完善，注意网络传播时沟通的风度和展现策划创意人员的智慧。在利用网络进行事件传播时，民宿应该安排专门人员来把控网络信息的传播，既掌握民宿的全面状况，又能巧妙运用网络媒体的特性，还能尊重公众的感情和权利，保护沟通渠道的畅通完整，最终保护自身的利益。

三、新媒体事件营销的策划要素

新闻能否被着重处理则要取决于其价值的大小。新闻价值的大小是由构成这条新闻的客观事实适应社会的某种需要的素质所决定的。成功的事件营销必须包含下列四个要素：

1. 重要性

重要性指事件内容的重要程度。判断内容重要与否的标准主要看其对社会产生影响的程度。一般来说，对越多的人产生越大的影响，新闻价值越大。

2. 接近性

越是心理上、利益上和地理上与受众接近和相关的事实，新闻价值越大。心理接近包含职业、年龄、性别诸因素。一般人对自己的出生地、居住地和曾经给自己留下过美好记忆的地方总怀有一种特殊的依恋情感。所以在策划事件营销时必须关注到民宿受众的接近性特点。通常来说，事件关联的点越集中就越能引起目标顾客群的注意。

3. 显著性

新闻中的人物、地点和事件的知名程度越高，新闻价值也越大。新闻如果集中在知名人士、历史名城、古迹胜地效果会更好。

4. 趣味性

大多数受众对新奇、反常、有人情味的东西比较感兴趣，人类本身就有天生的好奇心或者称之为新闻欲本能的心理。

四、民宿新媒体事件营销的策划

视频 3-1：民宿新媒体营销策划

民宿在运用网络作为传播平台的时候，自然要充分考虑到什么样的内容网民会喜欢。一些网络主播或博主的走红在极大程度上就是满足了网民的某种需求，所以才会引发大量的自主传播，从而形成成功的事件营销。制造事件是既充分研究互联网传播形态，又找准网民感兴趣的内容，进而成功制作出广受关注的热点事件。

【案例3-2】

《绿水青山带笑颜》开播，淄博这个小山村火了

在山东淄博取景拍摄的扶贫题材电视剧《绿水青山带笑颜》由杨烁、潘之琳、马苏、于洋、刘流、范明、景冈山、巩汉林等主演，以"绿水青山就是金山银山"理念为主旨，讲述了一群年轻人返乡创业，建设美丽乡村，实现人生理想并收获爱情的故事。剧中呈现的乡村景色也让人印象深刻，"绿

图3-4 淄博的一家民宿

水青山带笑颜取景地"等关键词一度登上热搜。漫山红叶中曲折蜿蜒的公路，群山环抱里云雾缭绕的古村落，依托地势而建的错落有致的石造民居，以及美轮美奂的琉璃制品，无不让人心生向往。博山区的古村落和上坊村是该剧的主要取景地，男主角许晗的民宿在这里，女主角杜笑语的琉璃工坊也在这里。古村位于齐长城遗址脚下，隐于峡谷之中，具有独特的原生态乡村气息，是一处群山环抱的绝美秘境，也是山东省公布的第二批历史优秀古建筑。随着电视剧的播出，这个原本籍籍无名的小山村开始出圈，越来越多的游客慕名而往。

（案例来源：作者根据下列新闻整理 光明网2020-05-14《绿水青山带笑颜》今晚开播，淄博这个小山村火了）

思考： 民宿如何利用这次造势去创造合理事件营销？请结合当下情况，做出一个事件营销的构思。

案例分析： 这首先是诞生于民宿本身的故事，经过改编形成了影视作品，对当地民宿能产生很好的宣传效果。影视作品的宣传与推广极大利好当地民宿的运营与发展。但是如何延长影响时效是值得民宿运营者思考的。

第三节　民宿新媒体社群营销策划

一、认知新媒体社群营销

民宿新媒体社群营销是在网络社区营销及社会化媒体营销基础上发展起来的民宿用户链接及交流更为紧密的网络营销方式。建立和运营网络社群的条件包括人力和资金、内容和服务、时间和耐心、产品及营销模式等。其运营模式和流程与一般的SNS营销并无原则性差别，但对沟通和服务方面有更高的要求，而不是简单地通过社交网络实现内容营销。

二、民宿新媒体社群营销的特点

1. 民宿以用户为中心，以口碑为媒介

网络社群营销以目标人群的多向互动、沟通为核心，社群成员既是信息的发起者，也是传播者和分享者，用户的使用、体验、看法、态度会直接影响营销效果。社群成员对产品的点评会转化为持久的口碑效应，当越来越多的群成员在社群里表达自己对产品的看法、态度并分享给志同道合的人时，强烈的认同感就会在圈里产生，同时引起非社群成员的关注与传播。

2. 民宿品牌传递的信息更具体，目标人群更可控

维系社群的纽带是对价值观的高度认同，这种归属感首先建立在对民宿品牌认可的基础之上。社群成员通过与民宿主的互动，参与产品的设计、加工、制造过程，建立对民宿产品或服务质量的动态评估，进一步增强了对民宿品牌的忠诚度。同时，由于民宿主与社群成员的关系更加紧密，民宿运营者对目标消费人群的信息掌握得更加准确，数据分析更加精准，所以客户群体会更加可控。

3. 民宿主和消费者在互动中实现共赢

在网络社群营销中，社群成员可以通过其他成员的推荐或者企业提供的产品体验机会来判断产品是否符合自己的需求，实现理性消费，甚至可以参与产品生产流程并获得成就感。民宿通过经营社群，既可以推广产品，又可以了解消费者的爱好、需求、兴趣，了解目标消费人群对产品及服务的看法和意见，为下一步的产品设计、营销方式提供参考。

4. 民宿网络社群营销具有多样性

民宿网络社群营销传播信息的方式具有多样化特点，包括图片、文字、音频和视频等多种形式，传播信息的内容包括理性信息和感性信息、正面信息和负面信息、真实信息和虚假信息、共识性信息和个性化信息、专业性信息和业余性信息。

三、民宿新媒体社群营销的策划与实施

1. 民宿社群的基础布局

民宿主可以设置低门槛进群，做忠诚社群的铺垫。第一种社群的基础布

局配套打造七日产品，在社群内做内容产品的输出。七日产品对于新用户，有特权专享低价购买，仅限进入社群的社员才有权享购，入门级别产品由浅入深，可分为初阶版、进阶版、高阶版，在建立的初期，客服的灵活引导能够很好地带来话题和互动。同时需要保证内容的输出让用户能够获取价值感，当用户获取价值感之后，再对用户进行精准分析及培养。

第二种社群的基础布局，可以建立旅游资源分享群，这一定程度上有助于长期积累顾客并形成顾客社群记忆，为下一步的口碑推广和宣传起到一定的铺垫作用。

2. 民宿社群用户画像的打造

民宿社群用户画像的打造，主要围绕以下四点进行：

（1）先不用急着给民宿的客户打标签。

（2）先给民宿需要的社群打标签。

（3）明确民宿社群运营的出发点。

（4）明确民宿社群的定位及集群类型。

3. 民宿社群的内容输出和产品输出

民宿社群内容输出的价值一定要站在用户的角度去感受，切忌站在民宿自身的角度。可适当增加和丰富内容输出的仪式感，这样可以激起社群成员的活跃性。当用户加入到社群后，其会经历观察、体验、参与等行为阶段来感知社群。如果社群能带给用户所期望的价值，可以短暂留住用户；如果能让用户不仅收获价值，还能有深层次的受益，则将会把短暂用户转化成忠诚用户，甚至成为此社群的代言人。

【案例3-3】

莫干山乡村精品民宿的新媒体营销

莫干山乡村精品民宿依据消费者的需求来设计开发酒店产品。其一，制定酒店发展方向，进而实现乡村精品民宿的价值主张。其二，新媒体环境下，人们对于莫干山乡村精品民宿的营销要求即跨界融合，实现各类资源的有效整合。以安吉帐篷客为例，其有效实现了产业融合，开发设计"篷友三宝"概念产品，包括莫干山土鸡蛋、安吉白茶与有机笋干，开创了"网红精品民宿+文创微商+特色文化IP"的新媒体经营策略，在微信朋友圈等平台掀起了抢购热潮。安吉帐篷客精品民宿采用的即为零营销成本的营销模式。通过每一位消费者的粉丝效应,加上鼓励机制,让他们自发通过个人媒体账号发布民宿的精美照片与文案,形成二次宣传与再传播,进而形成巨大的动态宣传能量,一跃成为人气网红民宿。

(案例来源:作者根据下列新闻整理 行知部落《新媒体环境下乡村民宿旅游营销模式研究》)

图 3-5 安吉帐篷客溪龙茶谷风

思考:莫干山乡村精品民宿进行营销的基础资源有哪些?莫干山乡村精品民宿成功的法宝有哪些?

案例分析:现如今各式各样的自媒体平台不计其数,如人们较为了解的微信公众平台、今日头条号、百家号、知乎问答、新浪微博等,还有抖音短视频、腾讯微视短视频等小视频直播平台,以及豆瓣电影、百度百家和各大网站,均是合理的自媒体平台。最基本的是必须掌握这种方式的活跃性客户跟自身的目标客户群是否接近。例如今日头条号、百家号等自媒体平台的活跃性客户年纪稍大,而抖音短视频、腾讯微视等自媒体平台的活跃性客户就偏低龄化,因而有选择地去打造宣传途径才是提升营销推广实际效果及其提高转换率的有效手段。

思考与练习

一、简答题

1. 社群与社区的区别是什么？其共同点有哪些？
2. 什么是社群的关系链接和情感链接？
3. 民宿运营者采用新媒体事件营销的优势有哪些？

二、实训题

1. 社群的种类和模式有很多，对民宿主来说，什么样的社群是优质社群？理由是什么？
2. 请举出一个民宿主运用新媒体营销助力乡村振兴战略的例子，并分析新媒体营销对乡村振兴战略存在的意义和价值。

三、教学实训项目

实践教学主要内容

与民宿合作，教师带领学生对民宿顾客进行新媒体需求调查，完成需求评估报告，提出改进方案。

实践教学主要完成过程

实训项目	为民宿顾客出具需求评估报告及整改方案
实训地点	当地民宿
实训目的与要求	运用需求评估报告的理念和工具，对民宿顾客需求进行评估，并给出整改意见
实训设备及材料准备	笔记本、电脑等
模拟情境描述	组织学生赴当地品牌民宿，对其线上、线下顾客需求情况进行调查。与民宿主人、管家、客人交流，调查民宿新媒体运营情况和顾客体验感，分析存在的问题、原因，并提出相应的整改方案
模拟训练要求	学生分组，三人一个小组，通过访谈、顾客评价等方法，了解线上、线下民宿顾客需求状况 1. 学生分工明确，团结协作，运用沟通技巧，合理、有序、深入地开展各项工作 2. 提交需求评估报告及整改方案
任务考核	任课教师、民宿管家、民宿主人对学生的调研报告共同打分，对小组提交的民宿顾客新媒体需求报告及整改方案的专业性、创新性、可操作性进行评价打分

第四章
民宿新媒体图文营销

本章导读

许多特色民宿深受都市中青年人喜爱，新媒体是这一客户群体获取信息的重要来源，而新媒体宣传的重要元素就是图片和文字，以用户量较大的自媒体微信推文为例，主要表现形式包括推文的标题及副标题、导读文字、主体图文、原文链接等。

学习目标

1. 掌握新媒体推广中图文搭配方法。
2. 学会策划微信和微博推广方案。
3. 能够分析顾客阅读心理。

思政目标

1. 培养学生的实践运用能力和创新意识。
2. 增强学生社会主义精神文明和公序良俗意识,健康文明地开展民宿图文营销工作。

思维导图

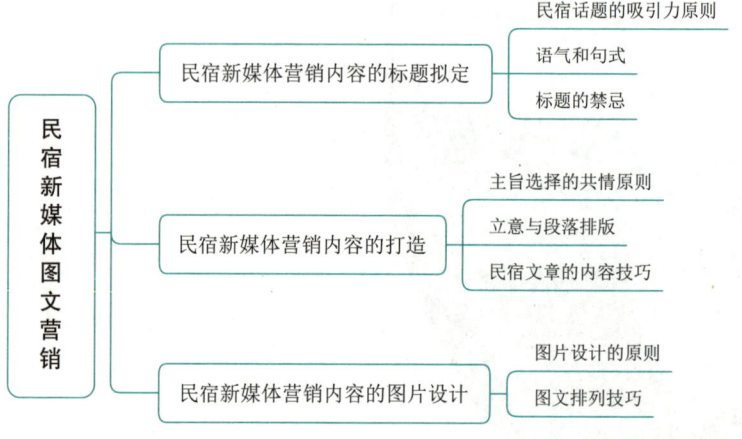

第四章　民宿新媒体图文营销

第一节　民宿新媒体营销内容的标题拟定

民宿业对产品体验性要求高，且往往具有分布分散、位置偏远等特点，这就对营销手段和策略提出了很高的要求，而新媒体营销的信息场景性强、信息互动性高、信息扩散快等特点恰恰满足了这一要求。因民宿产业新媒体营销大部分存在营销意识不足、创新意识不够、线上线下互动性不强等问题，由此成为民宿产业营销的瓶颈。因此，需要提高民宿运营者的营销意识，整合相关资源，形成新媒体营销的创新合力，通过新媒体策划和实施营销活动，增强用户黏性。

一、民宿话题的吸引力原则

民宿新媒体宣传的推文中，文章标题是给潜在客户第一印象的部分，所以运营者在制作内容的时候要遵守标题的吸引力原则，分析潜在用户的心理，提高标题的质量和吸引力，这样才能够有效提升文章阅读量。

一个有吸引力的标题能够吸引用户的阅读，优质标题还能获取更多的推荐量。拟定标题的时候应当结合文章内容，这样可避免成为"标题党"。"标题党"虽有一定的吸引力，但是文章跳失率较大，所以最好能够结合内容取标题。标题拟定可以使用的方法主要有以下三种：

1. 数字标题

标题里面有数字出现的话，令人意外的数字一般会牢牢地吸引读者的眼球，所以在写标题的时候多用数字可以增强标题的辨别力，让读者有更高的敏感性，同时又显得比较精准和专业。例如，"离泸沽湖358米的精品民宿，重装开业了"，突出了离知名景点的距离；再例如，"炎炎夏日，××民宿25种软饮料畅饮"，强调饮品种类丰富。

2. 悬念标题

悬念标题是只从标题看不出结论，需要查看正文内容才能够知道。比如，"事关今天国庆节的房价：掌柜已经表态了"，大部分读者看到这里就有疑惑，不知道掌柜到底表了什么态，一房难求的热门民宿国庆假日每天价格到底是多少，得打开看看，于是点击量就无形中增加了。再例如，"这张民宿门前自拍照片，让数万年轻人向往"，只看标题就让许多人迫不及待地想了解到底是什么样的照片内容，这样无形当中就增加了阅读量。

图 4-1　泸沽湖村庄里有不少精品民宿

悬念标题一般比较能吸引用户，因为许多用户对于自己不知道的内容都存在一定的好奇心理，这样一来就可以把自媒体标题做得更神秘些，效果也会更明显。

3. 相关度参与原则

进行标题创作时，值得注意的是，想要把潜在顾客邀请来，考虑因素之一就是自媒体的阅读者能不能参与进来。读者第一眼看的就是标题，用户觉得和自己没有关系或者是参与不进来，是不会进行点击的。要让用户觉得文章内容和其是有一定关系的，参与度高了，点击量自然就会高。

二、语气和句式

在标题创作中，应当考虑如何抓住潜在顾客的心理，灵活采取不同的语气和句式可以调动阅读者的兴趣点，使之有点开继续查看的冲动和欲望。

1. 对比型标题

对比型标题一般要有两个参照物进行对比，有的是一好一坏做对比，也可以是不相上下的参照物进行对比，还可以是好的比坏的好在哪里等，重点依然是需要两个参照物进行对比，否则就不可能称为对比型标题。

例一：民宿的晴天和雨天究竟差别在哪里？

例二：山前和水边民宿究竟哪个好？

例三：木质老民宿比新民宿要好在哪里？

图 4-2　木质民宿

2. 问答型标题

在提出问题后，继续给出部分关键答案，但是答案不能透露得太具体，要让读者出乎意料，又忍不住点进去看。

例：外出旅游如何才能坚持早起？答案只有一个！

元旦出游选民宿，景色重要吗？太重要了！

微信好友问"在吗"，怎么回答最机智？很有用！

3. 故事型标题

故事型标题较为常见，同时也是很吸引人眼球的标题句型之一。广大读者都冲着故事二字而来，故事型标题一定要有开始和结尾，例如以下案例，就是一个从开始到结尾的过程。

例一：做了 3 年民宿掌柜，我是如何从 0 基础走到独立管理的

例二：3 天拍出惊艳的照片，只因入住这家民宿

例三：为何他家民宿广受好评？因为平时他都在做这些事

4. 警告型标题

警告型标题一般使用较少，如果用的话也是多使用"千万别""要注意"等词汇，旨在特意提醒读者，这类标题往往能让读者严肃起来。

例一：请注意！更换民宿预订一定要明白这几点

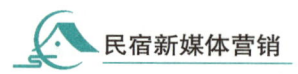

例二：过来人的经验，做民宿千万别随意改名

例三：选择民宿这六大低级错误千万别犯

三、标题的禁忌

标题创作首先要注意的是，既然标题吸引了用户，那么内容方面就要解决问题，这样才能更好地满足用户、留住用户，不然的话让用户觉得是"标题党"，跳失率极高的话，会影响自己的内容数据，从而造成内容推荐阅读量减少，这样得不偿失。

标题创作的另一禁忌是违背公序良俗。切不可为了博取眼球而采用低俗甚至不健康的标题，这样极易引起读者的反感和举报，甚至造成账号被禁用。

标题是文章成败的关键，毕竟在碎片化阅读的背景下，读者面对浩如烟海的文字，不点击才是常态行为。如何才能使标题出彩、夺人眼球呢？

第一，要借鉴其他优秀自媒体的技巧——看爆文标题、纳入素材库供借鉴。

第二，要懂用户，多接触用户，多换位思考，以为用户产生价值为使命。

第三，要看数据，要有运营思维，善于分析文案数据，用趋势图科学指导文章编辑工作。

第二节　民宿新媒体营销内容的打造

视频 4-1：民宿新媒体内容营销

通过有价值的内容传播和品牌形象宣传，把流量吸引沉淀下来，转化为预订率，从而拓展新的渠道，这样可以减少民宿对携程等订房中介的依赖。一般对民宿新媒体营销内容的打造需注意以下几个要点。

一、主旨选择的共情原则

共情也叫同理心，就是自媒体文章编辑时，要时刻记住这篇文章与用户有很大关联度，让读者觉得"这篇文章跟我有关，我得点开看看"。常见策略如下：

其一，利用身份标签强化代入感，包括性别、年龄段、职业、地域等，例如：

"这家民宿在做 90 后才懂的快乐童年""运营喵 VS 产品汪"。

其二，通过表达的情感来获得代入感，帮用户把他们想发泄的情绪说出来。例如：

"我才二十几岁，当然要选与众不同的民宿。"

其三，通过描绘场景增加代入感，即通过视觉化的场景描述，引发用户共鸣（尽量寻找用户感触深的场景来表达），例如：

"你还记得那群在网吧看你打游戏的小朋友吗？"

其四，说明好处来吸引用户，引起代入感，让用户觉得打开看了对我有收获，分享出去对别人有帮助。例如：

"如果你无法亲身体验，至少可以读完这 50 条民宿选择建议。"

二、立意与段落排版

段落排版的内容载体包括文字、图片（照片、Gif 图片、漫画、表情包）、音频、视频、图集、投票、链接、H5 页面等。在创作内容的时候，要选择合适的内容载体。一般，用户对图集、短视频、H5 页面内容载体更感兴趣，在上面停留时间也相对较长，链接载体打开率则相对较低。

1. 摘要写作法

摘要与标题、封面共同组成吸引用户点击阅读的第一展现，类似于展厅金展位的摘要，其重要性可想而知。在说明摘要写作技巧之前，请先思考下面标题，你会给它写一个怎样的摘要呢？

想要提高工作效率？趁假期来莫干山民宿休养生息！

半山民宿的"制造完美瞬间：让客户难以忘记的体验设计"。

请自己构思以上标题摘要，并说明为什么这样写。小试牛刀之后，再来看看摘要写作有哪些技巧。

（1）读后感。民宿自媒体摘要与电商平台购物评价的作用一样，用户决定是否看图文，关键是价值大小，一段诚挚的读后感能帮助用户打消疑虑，用户更愿意点击浏览。

（2）价值提炼。即把自媒体文章的核心价值概括给用户，让用户明确文章的价值点，帮助其阅读。

（3）对标题进行补充。即用摘要延续标题，强化前后呼应，让价值点更

突出。

（4）推荐语。即将图文的热度、稀缺度和重要性推荐给用户。

技巧总结：摘要不要过于冗长，应简洁明了，尽量用一句话让用户看明白，最好控制在30个字以内。

2. 导语写作法

导语就是以简要的文句，突出最重要、最新鲜或最富有个性特点的事实，揭示新闻要旨，吸引读者阅读消息的开头部分。导语其实是新闻术语，由于新闻是非常成熟的写作形式，因此在很多文案写作中也会运用这个技巧，但这并不是非用不可的，如果确定使用这一结构，最好持续地使用下去，以便形成自己的图文风格。

（1）导语写作法之内容概括或中心提炼。内容概括或中心提炼是最常用的导语写作方法。写这类导语不能急，最好在写完全文后方构思写作。其实就是用导语告诉用户这篇文章说什么，只需要在导语中用简炼的语言将主体内容告诉用户即可。但要注意措辞的营销性，即注意对用户的吸引力，避免过于平淡。

（2）导语写作法之推荐语。虽然第一种方法很常用，但有时候不是很贴合新媒体文案的需求，反而是推荐语这种形式更适合。所谓推荐语，就是给用户一个看这篇图文的理由，促使用户继续阅读。怎么写？以下方法可供借鉴。

痛点切入。即在导语中开门见山地将图文能解决的问题写出来，以引发用户共鸣与兴趣，让用户知道自己遇到这样的问题、需要解决这样的问题以及会帮助其解决这样的问题。

推荐缘由。即为什么要推这篇文章给用户看，这种套路不以切入解决方案为第一目的，而是强调对文章本身的赞誉或者是第三方的正面评价。

（3）导语写作法之帮助用户阅读。帮助用户阅读与第一种方法相类似，但有所差异。这里的导语是指向用户交代此图文写作的背景及相关专业知识，避免用户遇到阅读障碍。图文可能有很多地方是用户不了解的，会影响用户的理解，在开篇交代这些内容，可便于用户流畅阅读。

三、民宿文章的内容技巧

民宿新媒体文章要自然、有趣，是说其公众号应该像一个活生生的人，有自己的态度、自己的情绪，与机器有着截然不同的灵性，有渴望与人交流互动的亲和力，这既符合品牌定位，又能受用户喜爱。民宿优秀爆款文章内容通常遵循三个原则，即持续性、原创性和价值性。

持续性：能够持续不间断地输出内容。一打开有些民宿的公众号历史消息，最新的一篇文章发布时间还是几个月甚至半年以前，这样就很难产生顾客黏性和营销宣传意义，一般公众号常见的发文频率是每周产出一篇文章。

原创性：民宿新媒体发布的内容要尽量做到原创，原创即最好的营销。如今各大自媒体平台对原创内容版权的保护力度在增加。坚持写原创文章，同时可以获得自媒体平台原创保护标识，内容信服力会不断上升，拿来主义终究是走不远的。

有价值：民宿新媒体发布的内容能够给用户传递价值，诸如有用、有趣、好玩都是价值的体现。有价值的内容才能够让用户主动转载分享，从而在更大的范围内进行传播。同时，价值能够加强用户黏性，让用户关注的时间更为长久，可持续提高用户忠诚度。

新媒体文章的正文写作难有规律和格式可讲，无法给出放之四海而皆准的写作公式。这里从微信公众号文案需要完成的三个目标出发，即让用户读下去、分享下去、认可自媒体所说的（将核心诉求传递入心）总结一下正文写作的技巧。

在信息爆炸的网络时代，互联网具有海量信息、获取成本几乎为零等特点，用户是挑剔的。要想吸引用户，需要在自媒体文章中完成上述三个目标。为了完成这些目标，可以在正文写作中使用以下一些技巧。

1. 正文写作法——如何让用户读下去

用户明明已经点击进来了，为什么不读下去呢？

首先是"货不对路"，即正文内容与标题和摘要不吻合，让用户大失所望，自然会在左上角点"返回"。

其次是用户看不懂，用户对正文内容感觉云里雾里，不知所云，这一般是小编用词艰涩难懂、充斥大量专业名词或理论、逻辑不清颠三倒四等原因造成的。

最后是字里行间过于平淡乏味，令用户感到味同嚼蜡、索然无味，自然挥袖而去。用户感受不到实用价值，甚至娱乐价值也没有，当然无法读下去。

如何解决上述问题，让民宿新媒体用户读下去？办法有以下几点：

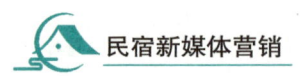

首先，标题要与正文相契合。标题和摘要必须出众、吸人眼球，但也要契合正文，从真实内容出发，切忌过于浮夸、美化，甚至偷梁换柱。因此，当拟定标题和摘要时，首先要问自己：用户看到标题和摘要后，正文内容是他们想要的吗？

其次，必须化繁为简。文章的理解难度与阅读率成反比，要保障用户的阅读流畅。能把复杂的事情讲得简单易懂就是一种能力。逻辑思维的建立是一项大工程，很难在只言片语中交代清楚，建议写文章别直接下笔，先用思维导图工具明确写作大纲和逻辑框架后再下笔。

民宿新媒体相关从业人员如何撰写能让用户读下去的正文，有以下四个技巧：

（1）直击要害。从用户最关注、最在乎的问题开始，帮助他们解决问题，或是挖掘用户想要的，在文字间暗示有给他们想要的。

（2）学会讲故事。例如：

民宿成为网红爆款的七个问题技巧：

问题1：主要目标是什么？

问题2：阻碍是什么？

问题3：如何努力？

问题4：结果如何？（此处可以完成一个故事，但如果想更吸引人，这里应该是不好的结果，伴随着观念的改变。）

问题5：有什么超越能力的意外可以改变这一切吗？

问题6：意外发生，情节如何转弯？

问题7：最后的结局是什么？

（3）与用户分享一些技巧，或是共做一件事。在文章中曝光一些小秘密，或者发动用户一起去做一件事情。这些方法都能有效拉近与用户的距离，推动用户阅读下去，毕竟关系和参与感是非常能推动人的地方。

（4）激发用户的情绪。人的情绪往往源于利益，只要知道潜在读者有哪些情绪不吐不快并找到它，然后在文字中替用户点燃它即可。

新媒体文章一般有两种价值：一种是帮助用户消磨时间，即娱乐方向，另一种是帮助用户节省时间，即干货方向，而你必须要明确在文章中体现其中哪种价值。因为没有价值的文章就像一盘散沙，不用风吹，走几步就散了。

民宿新媒体人员写完文章后，不要急于发送给用户，要先平静自己急于表现的内心，再仔细回看文章，这样会发现很多问题需要修改。如果可以请其他人阅读并提出修改意见会更好。不过在追热点时要快，注意不要在此步骤耽误太多时间。

2. 正文写作法——如何让用户乐于分享

新媒体传播最重要的特性是裂变传播，民宿新媒体图文就是裂变传播最重要的武器。用户在什么情况下会分享一篇图文呢？生活就是最好的老师，可通过查看自己的微信，看看你经常转发什么样的文章，看看朋友圈都在转发什么样的文章，把它们记录下来，然后进行统计分析，并尝试反推当时分享的动机。

分享就是一个社交动作，在社交中有哪些需求呢？

第一是新奇好玩。我们往往会和别人分享交流那些平常少见、反常甚至未出现的事。它们往往具有稀奇、有趣、好玩、私密、新鲜等特点，比如明星的绯闻八卦、奇闻趣事等。

第二是吐露心声。我们也经常向别人表露心声、倾诉想法，比如职场上常见的转发好员工标准之类的图文等。

第三是帮助他人。我们都有助人为乐的心肠，喜欢赠人玫瑰，手有余香。所以朋友圈也充斥着生活技巧、养生保健、防骗安全等图文信息。

第四是表达自我。我们更喜欢表达自我，甚至有攀比心理。例如，科比退役时很多球迷都主动发心情图文和转载相关图文来表达自己的不舍。很多游戏都引入排名机制，并且很多用户都会把成绩分享到朋友圈。

如果文章能满足用户的上述需求，用户便会付诸点击和阅读行动。可以通过这一小节内容建立文章自检机制，写完文章后，检阅自己的文章是否拥有上述四点需求，拥有一点或两点也可，如果完全没有，则需要根据内容方向，看看要往哪个要点去优化。

3. 正文写作技巧——让民宿客户认可我们所说的

作为民宿新媒体宣传文案，有价值的信息传递是核心使命，但在运营过程中，往往要分阶段传递不同价值。图文撰写过程有两个阶段：第一是追求文章价值，即往往以图文的阅读率和转发率为核心，希望吸引更多用户的关注，建立用户的关注度与信任度。第二是追求商业价值，在满足第一阶段后，需要将自己的商业价值与用户价值结合，追求用户行为的改变。简单来说，就是先有粉丝，再建关系，最后谋求转化变现。

民宿新媒体文章要达成用户认可，除了要与用户有关以外，还要能实质性地给用户带来价值。在公众号运营过程中，有两方面的因素影响用户认可度，即公众号的影响力和传递价值的质量。

（1）公众号的影响力。文案的人格魅力对于信息传递有着非凡的作用，往往同样一句话，不同的人表达，效果会不一样。提升文章对用户的影响力注意自媒体用语要有权威性。权威是指人们在某一领域具有高度专业的能力或贡献，该领域往往是与业务相关的领域。例如量品定制，这一品牌所属的企业从事的是定制衬衫的业务，其公众号推送的是大量与衬衫有关的专业图文，解答用户关于这一领域的疑问，以此塑造其权威形象。一旦用户认可它的权威性，它在这一领域的相关推文自然能更好地让用户信服，从而引发消费行为。

视频 4-2：民宿新媒体场景营销

（2）传递价值的质量。价值得与用户密切相关，急用户之所急，想用户之所想。另外价值获取还要注意成本可控，让用户能较好地获取这一价值，而不是"水中月，镜中花"。

4. 结尾写作法

人们常说写文章要"虎头""猪肚""凤尾"。由此可见，结尾对文章写作很重要，结尾处要对文章进行总结、提炼、升华。接下来看看"凤尾"是如何练成的。

首先要总结全文。对内容进行概括、提炼，突出其价值。例如"广告是什么？广告是一种商业的传播活动，目的是为企业和品牌主服务，达到传递信息和劝服的作用，用于引起消费者了解、尝试或购买某一产品或服务。"

其次要强调文章观点，引发用户的兴趣。诚信是人立身之本，对于公众号运营也一样。检验公众号运营是否诚信，主要看承诺是否兑现，兑现后是否告知，没告知也等于没有兑现。

第三节　民宿新媒体营销内容的图片设计

一、图片设计的原则

民宿新媒体文章的图文融合、色彩搭配、版式易读是民宿新媒体图片应当注意的三个主要原则。

图文融合原则是指图片的作用是融合文字，让用户更有效率和更直观地感受到作者的意图。

色彩搭配原则是指图片之间的色彩色温统一性，全篇多张图片颜色背景或灯光色彩趋于一致，避免冷色和暖色图片同时出现在一起。

版式易读原则是指考虑用户阅读这篇文章的习惯和终端特点，手机阅读一般为竖屏阅读，因此内容丰富的大型图片可以采用竖版，以便于阅读。

二、图文排列技巧

（一）民宿新媒体图文排版的原则

1. 简洁大方

文案的排版是基于审美观的，不能过于花哨，以免让人在阅读的时候感觉眼花缭乱，简洁大方是比较合适的。文章图文排版是为了提升用户的阅读体验，过于复杂的排版只会起到相反的作用。

2. 条理清晰

排版是为了让复杂的文章变得简单化，对文章内容进行分割，体现出文章的逻辑，让文章变得更加清晰易读，从而优化用户阅读的体验。

3. 突出重心

民宿新媒体管理员在内容输出的时候要注重文章的逻辑，用户很难从头到尾地把文章读完，要突出重心，把需要用户注意的点表现出来，比如小标题、开头、结尾、重点字句、重点图片、视频等。

（二）民宿新媒体图文编辑的基础技巧

1. 配色

在文章的配色上，也要进行装扮。文章的配色要遵循"三色原则"，即一篇文章内的颜色最好不要超过三种。常用的配色方案：正文内容用黑色，内容注释以灰色为主，再搭配一个亮色，这样的搭配会看起来比较舒服，有利于风格统一。

2. 组成模块

模块的含义就是文章模块化，把文章内容划分成不同的部分，进行分节，可以对每个内容设置一个小标题，让用户知道自己接下来要阅读的内容主题。

把文章进行模块化处理有助于用户更好地理解文章，减轻用户的阅读压力，避免长篇大论引起用户内心的焦躁。

3. 合理分段

对文章内容进行分段是必要的手段。现在用户获取信息的来源一般都是手机，如果不进行分段，很难让人有阅读的兴趣。针对手机屏幕的分行最好是五行分一段，一般不能超过九行。手机一般显示的行数在20行左右，加上留白，屏幕控制在三到六行的段落，阅读体验会比较舒服。

4. 突出重点

可通过突出文章重点来提升对用户的吸引力，方便用户抓住重点更快地获取文章的价值。常用的突出重点内容的方式有单独排列，加底色或者边框；加粗标黑，加大字体；使用特殊的颜色；添加引导语等。

图4-3　图文编辑的模块化

（图片来源：花筑旅行微信公众号）

5. 配图

使用配图来分割文章内容，有助于缓解阅读的压力，放松阅读者眼球，创造愉悦感，提升用户的阅读体验。

图 4-4　好的配图有助于用户的阅读体验

（摄影：李东旭）

6. 留白

留白是指左右边框宽度适宜，段落之间要有适当的间距，其合理性是不言而喻的。留白和配图一样可以减轻用户的阅读压力，让用户有一个舒适、流畅的阅读体验，还有利于内容的呈现样式更加工整、美观。

7. 表情图

近年来，表情类图片因其表达简洁清晰，能反映人的内心感受，容易引起共情和共鸣而大受欢迎。因此在民宿新媒体图片中，可以适当放入两到三个表情类图片，能够拉近与读者之间的关系，吸引读者全篇读完该内容。

【案例4-1】

莫干山精品民宿的互联网营销思维

新媒体环境下的互联网营销思维对莫干山精品民宿产生了不同程度的主导作用，这些作用表现在精品民宿的价值主张、产业链延伸、营销推广等几个方面。

首先，新媒体环境下，人们对莫干山乡村精品民宿的营销要求即跨界融合，以实现各类资源的有效整合。安吉帐篷客将自身文化特色与市场需求结合起来进行文化定位，以满足消费者的文化需要，真正将"时尚特色客房＋趣味游玩"模式落实到地，有效延长了精品民宿的产业链。

其次，新媒体营销推广。在人人都是自媒体的今天，如何真正运用新媒体渠道实现乡村精品民宿的宣传推广，才是发展乡村旅游的重点。例如安吉帐篷客在驴妈妈平台充分做了营销工作，形成了客房均价超3000元、年入住率超90%、旺季入住需提前一个月预订的行业标杆。由此可见，在互联网时代运用新媒体进行宣传营销与推广是何等重要。

在新的时代背景下，乡村旅游亟待在政府主导和立体扶持下进行资源整合、产业融合、模式创新和智慧营销，从而实现提质增效和可持续发展。莫干山精品民宿的智能化升级主要依托于新媒体环境下的多种渠道，包括宣传推广、服务、管理与多元化几种模式。莫干山地区的精品民宿通过互联网的创新性与思维性，在不断创新与改造的过程中实现智能化升级。

宣传推广策略变革升级。新媒体环境下，莫干山精品民宿的营销模式升级主要做到了以下几点：第一，以产品为主导向顾客为主导转变。提升顾客的满意度，满足顾客的需求，成为现阶段莫干山精品民宿一切营销工作的出发点。第二，从服务大众向服务特定目标人群转变。莫干山精品民宿通过新媒体大数据手段对于现阶段市场的细分，划定目标人群，展开营销攻势。精准营销是新媒体环境下乡村精品民宿的工作重点。第三，从传统经验决策向数据化科学化决策转变。当前，莫干山的精品民宿充分发挥新媒体平台的作用，促进消费者形成新的消费观念，进而刺激消费者主动消费的欲望。新媒体环境下的营销并非完全取代传统营销，而是互相结合，取长补短，不断改进，达到营销程度最大化。

图4-5 安吉帐篷客

服务模式维度丰富。新媒体环境下，消费者越来越看中个性化的服务模式，而莫干山精品民宿则采取了以下两个方法从多维度层面丰富其服务模式：第一，创新产品体验服务。新经济时代，一切产品讲求体验。因此，莫干山精品民宿借助网络平台获取消费者评价并综合分析，从消费者的角度积极推进产品的体验服务工作。第二，创新服务体验新渠道建设。新媒体环境下，酒店预订等服务皆可以通过第三方平台加以实现，结合相应服务 APP 等新媒体渠道完善服务流程设计，整体提升消费者满意度。

管理形式升级改造。莫干山乡村精品民宿的管理模式正在不断结合互联思维而升级创新。新媒体环境下，乡村旅游精品民宿必须要改变传统的管理形式与管理思维，传统的精品民宿管理办法更多依靠管理经验，而这已经不适合现阶段精品民宿的管理。大数据思维对于实现管理模式的升级改造具有指导性的帮助。只有高效利用新媒体渠道创新升级精品民宿的管理制度与模式，才能充分优化民宿的组织结构，为酒店的管理注入灵活性与生命力。同时，莫干山精品民宿也充分使用新媒体渠道建设属于自己独特的企业文化，进而提升消费者的认同感与满意度。

最后，多元化主体的升级创新。莫干山民宿作为当地乡村旅游业的主导产业之一，其主要目的是创造盈利。创造经济效益是每一个企业的本质使命。产业链条的延伸可以促进产业经济结构优化，增强乡村旅游经济的集聚效应，完善乡村旅游系统的各项功能，协调乡村旅游发展整体系统。精品民宿需要深度挖掘当地的自然与文化资源，进行高效整合与产业的跨界融合，最大程度上延长酒店的价值链与产业链，增设精品民宿创收项目主体，改善过往酒店仅仅依靠住宿进行效益创收的一元化局面。

案例分析： 新媒体渠道可以对各种资源进行有效整合，并通过经营者的操作将其融会贯通展示给消费者。莫干山精品民宿经营者最大限度地运用了新媒体渠道，通过各线上平台整合资源，实现多元化主体齐头并进为企业创收的局面。

思考与练习

一、思考题

1. 请先在携程网搜索浙江省湖州市德清县莫干山周边一家高端民宿，之后尝试查看其微信公众账号,找到一篇点击量相对较高的推文,试分析其图文排版、主题选择、图片选取、文字编辑方面各有哪些优点?

2.少数民宿宣传图片和文字为博眼球存在内容低俗,甚至对某些群体有取笑、歧视等行为,请问这些做法违反了《广告法》哪些条款?将会受到什么处罚?

二、教学实训项目

实践教学主要内容

前往一家民宿,协助民宿运营人员拍摄宣传照片,并完成一期宣传图文撰写。

实践教学主要完成过程

实训项目	为民宿完成一期宣传图文撰写
实训地点	当地民宿
实训目的与要求	运用新媒体营销的理念和工具,对民宿服务周边环境和内部装饰拍摄,并编辑图文
实训设备及材料准备	手机、笔记本、电脑等
模拟情境描述	组织学生赴当地某家知名民宿或学校校外实训基地,对其内外进行照片拍摄,结合当时季节特色,撰写宣传文案,并编辑成一篇微信推文
模拟训练要求	学生分组,三或四人一个小组,通过与民宿运营人员交流,了解需要突出宣传的亮点 1.提前策划,有目的地拍摄内部装饰、大堂、客房等区域 2.结合照片和当前季节特色,撰写宣传文案,并进行图文编辑,每组完成一篇推文
任务考核	任课教师、民宿管家、民宿主人对学生微信宣传推文的专业性、创新性、可操作性进行评价打分

第五章
民宿新媒体短视频营销

本章导读

本章主要介绍了民宿新媒体短视频营销的相关知识，以及短视频拍摄、制作、发布平台的相关内容。通过分析目标客户，精准进行短视频的制作和营销。

学习目标

1. 了解目前民宿短视频的现状。
2. 了解短视频营销的基本方法。
3. 学会设计民宿类短视频内容脚本。

思政目标

1. 充分利用短视频这种年轻人乐于接受的新形式,培养学生拍摄短视频的实践运用能力和创新意识。
2. 将短视频的教育性和娱乐性相结合,激励学生追求真善美,弘扬中华传统文化,增强民族自豪感。

思维导图

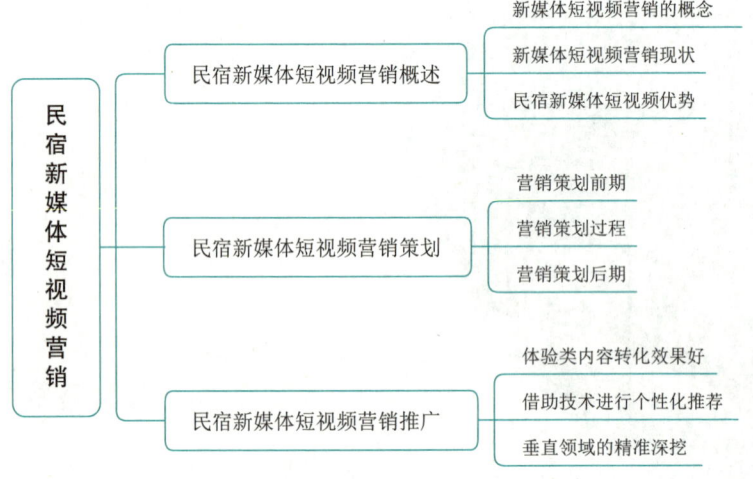

第一节 民宿新媒体短视频营销概述

一、新媒体短视频营销的概念

1. 概念

短视频即短片视频,是一种互联网内容传播方式,一般是在互联网新媒体上传播的、时长在 5 分钟以内的视频。随着移动终端普及和网络提速,短、平、快的大流量传播内容逐渐获得青睐。

互联网新媒体上传播时长在 5 分钟以内的视频,一般,我们都可以称它为短视频。随着抖音等短视频平台的崛起,短视频的时长认知被不断压缩,很多优秀的短视频,时长都被控制在了 1 分钟之内。

所谓民宿新媒体短视频营销,我们可以将其定义为:民宿经营方将民宿品牌或者产品的营销信息融入短视频中,借助短视频这种媒介形式,用以社会化营销。它与传统的营销不同,在用户观看短视频时,被短视频内容吸引。当用户对产品或者视频内容感兴趣时,会主动地分享或者直接点击短视频的链接下单购买产品,最终实现裂变引流,促成销售的目的。

2. 类型

(1)短纪录片。一条、二更是国内较早出现的短视频制作团队,其内容形式多数以纪录片的形式呈现,内容制作精良,其成功的渠道运营优先开启了短视频变现的商业模式,被各大资本争相追逐。

(2)网红 IP 型。很多网红形象在互联网上具有较高的认知度,他们的内容制作一般都比较贴近生活。其庞大的粉丝基数和用户黏性背后潜藏着巨大的商业价值。

(3)草根恶搞型。以快手为代表,大量草根借助短视频风口在新媒体上输出搞笑内容。这类短视频虽然存在一定争议性,但是在碎片化传播的今天也为网民提供了不少娱乐谈资。

(4)情景短剧。该类视频短剧多以搞笑创意为主,在互联网上有非常广泛的传播。

(5)技能分享。随着短视频热度不断提高,技能分享类短视频也在网络

上有非常广泛的传播。

（6）街头采访型。街头采访也是目前短视频的热门表现形式之一，其制作流程简单、话题性强，深受都市年轻群体的喜爱。

（7）创意剪辑。利用剪辑技巧和创意制作的视频，或是画面精美震撼，或是搞笑鬼畜内容，有的会加入解说、评论等元素，这些也是不少广告主利用新媒体短视频热潮植入新媒体原生广告的一种方式。

二、新媒体短视频营销现状

国外最先定位于短视频的应用是Vine，它的六秒短视频吸引了大量用户。Vine的服务最早在2013年上线，但是这种短视频服务没有什么技术独创性，很快Instagram、Snapchat、Facebook等也推出了类似服务，Vine被老东家Twitter放弃，最终消失在市场上。另外，当初依靠Vine短视频一鸣惊人的一些网络红人，后来也转移到了其他社交平台。

目前，根据APP Store的下载和使用量显示，抖音海外版（TikTok），已经成为全球用户数量最多的短视频APP。TikTok曾多次登上美国、印度、德国、法国、日本、印尼和俄罗斯等地APP Store或Google Play总榜的首位。TikTok在全球各地设有办公室，包括洛杉矶、纽约、伦敦、巴黎、柏林、迪拜、孟买、新加坡、雅加达、首尔和东京等。

国内已有微视、抖音、快手、美拍等先行者做出了探索。经过几年的激烈竞争，字节跳动旗下的抖音已经成为国内最受欢迎的短视频平台。这些平台的短视频一般具有以下特点：一是视频长度短，一般控制在1分钟以内；二是制作门槛低，人人可拍可上传；三是其传播主要依靠各种社交媒体平台。

在民宿短视频方面，海外TikTok已经有类似于Hype House这样由一群年轻人创立、靠短视频营销收获大量播放、最终落地在民宿平台Airbnb上、吸引民宿客流的短视频账号。国内，以抖音平台为例，"民宿大叔"等专门介绍与种草的民宿类垂直账号已出现，另外话题"民宿""民宿探店"等也拥有几十亿次的大播放量。

毫无疑问，短视频APP凭借超高的日活和精准的兴趣算法引起人们的共鸣，获得了巨大的关注度和成功。

不过，另一方面，如今的短视频也沦为抄袭的重灾区。一些优质的短视频,未经允许被"搬运工"和"剪刀手"稍做处理,成为吸引流量的工具。同一内容的短视频被"掐头去尾",重复出现在不同平台,不仅令观众纳闷,更令视频原创作者烦恼,这大大制约了短视频行业的创作环境。短视频的发展短板也令人担忧,比如内容创作同质化严重,玩模仿、秀萌宠、拼搞笑的老把戏新意匮乏;平台只顾短期盈利,长期规划不足;监管不力、版权保护缺位,低俗内容和创意抄袭大行其道。要谋求长远发展,短视频平台尤其须踢开优质内容匮乏、盈利能力不足、监管环节薄弱三大"绊脚石"。

有一项对1974名受访家长进行的调查显示,92.1%的受访家长觉得青少年沉迷短视频的现象普遍。70.6%的受访家长担心孩子沉迷短视频会对学习生活提不起兴趣,66.3%的受访家长担心孩子模仿不良的短视频内容。受访家长中,来自一线城市的占33.6%,二线城市的占45.0%,三四线城市的占17.6%,县城或城镇的占3.3%,农村的占0.4%。

2019年上半年,短视频持续渗透大众生活,用户年龄向两端渗透,10~19岁、50岁及以上年龄段人群较2018年有所增长。

《短视频用户价值研究报告2019H1》显示,结束一天忙碌的工作/学习/生活后,只能接触一种娱乐形式的情境下,四成网民选择短视频,超过在线视频。日均观看10~30分钟的短视频用户占比32%,近三成用户超过一小时。相比城镇用户,农村短视频用户使用时长更长,日均使用时长30分钟以上的用户接近70%,显著高于城镇用户的52%。

2021年8月27日,中国互联网络信息中心(CNNIC)发布第48次《中国互联网络发展状况统计报告》。报告指出,截至2021年6月,中国短视频用户规模为8.88亿,占网民整体的87.8%。

三、民宿新媒体短视频优势

不同于微电影和直播,短视频制作并没有像微电影一样具有特定的表达形式和团队配置要求,它具有生产流程简单、制作门槛低、参与性强等特点,又比直播更具有传播价值,超短的制作周期和趣味化的内容对短视频制作团队的文案以及策划功底有着一定的挑战,优秀的短视频制作团队通常依托于成熟运营的自媒体或IP,除了高频稳定的内容输出外,也有强大的粉丝渠道。短视频的出现丰富了新媒体原生广告的形式。因此,民宿短视频有以下三个直接优势：

视频 5-1：民宿短视频营销

1. 身临其境，代入感强

短视频可以用身临其境的内容，直观地展现民宿的建筑风格、内部装饰、住宿体验等，并尽可能地在广告中加入娱乐性元素，给人以畅快舒适的感觉，减少人们抵触的心理。此外，娱乐化的营销视频能够满足受众消磨时间的需求，引起受众想要去了解的欲望，最终有利于提高宣传信息的到达率。

图 5-1　短视频可直观地展现民宿的相关情况

2. 入门门槛低，人人可参与

视频制作有专业性与非专业性之分，主要以用户生成内容模式为主。所以人人可参与，会产生很大的内容阅读基数。

目前，快手、抖音等营销短视频生成模式有两种：一种为用户生成内容模式，另外一种为专业机构制作模式。专业机构制作模式相较于用户生成内容模式更为专业，这是两者之间最突出的区别。商家在制作营销短视频时，这两种生成模式一般都会考虑，但最主要的还是以用户生成内容模式为主。知名的品牌方通常会选择专业机构制作模式，这种模式的营销短视频有助于品牌形象的塑造，给人一种高端大气的格调，进而扩大品牌的知名度。在整个营销布局当中，与该领域的意见领袖（KOL）或者说该领域具有话语权的网红进行商业合作是其重要的一个环节，通过借助他们的力量，利用他们的影响力，使民宿品牌的营销信息传达给更多人群。

图 5-2　一般专业机构制作的民宿短视频效果会比较好

3. 融入多种流行元素，追逐潮流

在短视频营销领域，制作方常在营销视频里添加当下的流行元素，例如当下正火的表情包、搞笑的段子、当下传唱度比较高的背景音乐等。流行元素的使用，使营销效果大大增强。任何事物搭配上流行元素，都有可能在短时间内走红，博得人们的眼球。多种复合流行元素的使用，不仅丰富了视频的内涵，同时也体现了独特的创意，而且迎合了用户的喜好，使营销更接地气。

第二节　民宿新媒体短视频营销策划

一、营销策划前期

（一）民宿新媒体短视频渠道选择

1. 抖音"记录美好生活"

用户属性：年轻、时尚、高颜值、小情调，用户大多分布在一、二线城市。

内容特点：音乐、高颜值、萌宠、美食、生活、知识……

变现方式：小黄车、抖音小店、平台活动、广告、直播流量分成。

未来发展：目前开通了抖音小店、鼓励商家认证企业号，商业变现的方

式越来越完善，市场有下沉的趋势。日活6亿，流量大但竞争也比较激烈。

影响评价：抖音的玩法并不能说完完全全是新的，但音乐短视频产品风头正劲：日均VV（视频播放量）过亿，各路明星网红纷纷转发，甚至酷我音乐等在线音乐软件上已经出现了抖音热歌榜，抖音DAU（日活跃用户数据）已在数百万量级。

2. 快手"拥抱每一种生活"

用户属性：专注下沉市场，用户大多分布在三、四线城市。

内容特点：搞笑、无厘头、生活分享、好物推荐……

变现方式：直播流量分成、广告、电商等。

未来发展：目前专注三、四线城市的用户，进入的门槛比较低，对内容质量的包容度比较高。

影响评价：腾讯马化腾曾表示："快手专注于服务普通人日常生活的记录和分享，拉近了人与人之间的距离，是中国移动互联网一款非常贴近用户，有温度，有生命力的产品。"

3. bilibili "你感兴趣的视频都在B站"

用户属性：95后、00后、二次元、泛二次元文化社区。

内容特点：二次元、娱乐、知识、鬼畜、测评……

变现方式：广告、UP主激励计划。

未来发展：有自己的商城，但仍以二次元文化为主，内容比较垂直，用户的黏性要远高于前两个视频，号召力强。

影响评价：bilibili曾斩获了亚洲最受尊崇企业的奖项，其用户忠诚度高且黏性大。在多年来的发展过程中，B站也不仅只是二次元爱好者的聚集地了，其内容越来越多丰富多元，不同圈层的文化都入驻到了B站中，内容形式覆盖了纪录片、直播、电影、科普等领域，乃至部分学生投入B站汲取知识。

4. 微信视频号"记录真实的生活"

用户属性：基本涵盖微信生态中所有的用户。

内容特点：高价值或者高共鸣，所以目前比较火的账号就是情感类型的账号。

变现方式：广告、私域沉淀、小程序变现……

未来发展：基于社交的推荐，有比较强的社交关系，比较关心后续功能的完善和发展。

影响评价：视频号犹如一个巨大且具有自动推荐能力的朋友圈。视频号是公域流量和私域流量的完美融合。其做法也简单，就是普通人都可以做，用视频号来引流，用公众号成交，用微信群沉淀，用个人号做链接和沟通，打造完整的社交和商业闭环。这一整套操作下来，视频号给中小企业带来弯道超车的重要机会，是传播个性IP的重要机会，而且非常方便就触达各个有需求的用户。未来的社交是综合的社交，是面对面、线上图文、视频的综合社交，视频号是理想的视频承载体。

5. 小红书"标记我的生活"

用户属性：70%以上的用户都是90后，90%的用户都是女性，而且大部分用户是来自一、二线城市。

内容特点：美妆护肤、美食分享、时尚穿搭、旅游推荐和减肥瘦身等强种草性质的内容。

变现方式：广告、私域引流……

未来发展：小红书强大的内容分享属性，使其成为消费者产生购物需求、选择品牌与商品、分享商品使用情况的高信任度对象，同时也成为KOL天然的种草平台。

影响评价：在小红书上，来自用户的数千万条真实消费体验，汇成全球最大的消费类口碑库，也让小红书成了品牌方看重的"智库"。有品牌企业说："在小红书，我们能够直接聆听消费者真实的声音。真实的口碑，是连接品牌和消费者最坚实的纽带。"

目前，以各个平台的发展趋势看，人数基数大且人群匹配度较高的抖音和小红书可能比较适合新手起步。如果目标客户是下沉市场，也可以尝试用快手。如果是个性民宿，也可以瞄准、主攻二次元人群市场的B站。

    微信视频号

图 5-3　当下主要的视频号

（二）目标客户分析

民宿是指利用自用住宅空闲房间，结合当地人文、自然景观、生态、环

境资源及农林渔牧生产活动，为外出郊游或远行的旅客提供个性化住宿的场所。除了一般常见的饭店以及旅社之外，其他可以提供旅客住宿的地方，例如民宅、休闲中心、农庄、农舍、牧场等，都可以归纳成民宿类。

民宿跟传统的酒店旅馆不同，也许没有高级奢华的设施，但民宿更多地是面向体验当地生活的游客，因此也更注重地方特色的打造和舒适氛围的营造。游客可以在民宿体验当地人生活，与当地人交流，这是一种人文情怀的交流与碰撞。民宿因其独特的设计风格与设计理念，面对的多为小众市场，而非大众群体。因此，民宿的基本客群定位在项目选址、设计阶段就需要明确，它是未来民宿运营过程中稳定的基础客群。这一客群的定位需要遵循项目所在地的自然流量，考虑如何将当地的自然客流吸纳到民宿中来。

所以，进行短视频的制作和营销之前，要根据民宿的风格来分析目标客群，确定短视频的风格。

以景区资源为依托的传统观光旅游市场的民宿，其客户来自四面八方，多为慕景区之名而来，所以在短视频中可以利用区位优势，展开介绍。

图5-4　以海边景区资源为依托的民宿

在城市中或市郊的民宿，以周边游度假旅游市场为代表的城市白领，利用周末及假期去郊区度假，以放松紧绷的神经，这对他们极有吸引力。在短视频中可以用探店的方式优化体验感，加上注重人文关怀的文案表达，再配合轻松的背景音乐，可引起都市人群的共鸣。

图 5-5 以周边游度假为主的城市民宿

以乡村体验为主题的民宿,目标客群为有过童年在田野山间劳作的中老年人,或者想拓展小朋友知识面和手工体验感的家庭游客。在短视频的制作中,可以用记录真实生活和不同消费者的体验过程,通过第三视角,展现丰富的田园项目,以吸引目标客群。

图 5-6 以乡村体验为主的民宿

二、营销策划过程

(一)短视频制作准备及相应制作工具

1. 拍摄硬件

对视频要求比较高的,或者带有宣传片性质的,可以请专业团队,使用专业的拍摄工具进行拍摄，比如单反相机、灯组等。如果是民宿方的自搭团队，直接用目前主流的智能手机即可拍摄，需要运动拍摄的，还应配上手持手机稳定器，能带来更好的画面稳定感。

图 5-7　专业的拍摄工具

2. 剪辑软件

很多人觉得做短视频，剪辑是一项很有技术性的工作。其实，市面上有很多小白级别的剪辑软件，这些工具已经可以满足剪辑的需要。如抖音平台的剪映 APP 等，用起来都是很容易上手的，且剪出的效果也不错，并且分手机版和电脑版，可满足业余人士和半专业人士的需求。

如果不能满足小白级别，则可以入手专业剪辑工具，如 Premiere Pro、会声会影等。

 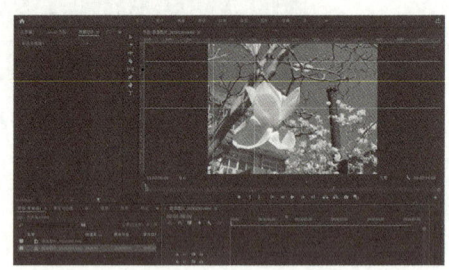

（剪映）　　　　　　　　　　　　　（Premiere）

图 5-8　剪辑软件

对于如何选择剪辑软件，其实要视使用这类软件的目的而定。一般情况下,用常见的软件就是为了掐头去尾和调整整个视频画面的对比度、曝光度、亮度和色温等参数。

(1)制作字幕。一般情况下科大讯飞以及剪映自带的语音识别,都可以帮助识别口播词,更方便进行字幕的制作。

(2)视频调速。不改变音色,现在用起来效果反馈比较好的是剪映和Premiere,快影和快剪辑会改变音色。

(3)封面图制作。可以用Photoshop或者手机APP完成封面图的制作。

(4)录屏软件。录屏大师、KK录像以及手机都有录屏功能。

(录屏大师)

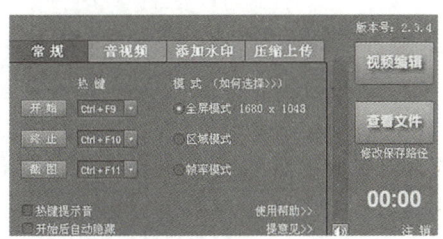

(KK录像)

图5-9 录屏软件

(5)侵权监测工具。由于现在平台对于视频的审核比较宽松,主要过滤的是平台抵制的黄赌毒等硬性红线,对抄袭内容的传播很少做限制,这在一定程度上放纵了抄袭,使用短视频侵权监测工具,可扼制抄袭现象,让保护原创内容成为全网的唯一。

(二)短视频的类型

1. 搞笑类

搞笑类是指有意地做出一些举动或者发表一些可笑的言论来引人发笑,是人类主动去寻求快乐,更注重从生活中主动发掘快乐,以此作为工作之外的放松和调节。

搞笑类短视频在搞笑的同时，也会引起观众的共鸣。其实，有些搞笑类短视频在逗乐观众的同时，也会反映一些社会问题，引起观众的思考。还有一些搞笑类短视频仅仅以搞笑为目的，就是让观众开心一笑。

2. 街采类

街头采访也是目前短视频的热门表现形式之一，其制作流程简单，话题性强，深受都市年轻群体的喜爱。

3. 恶搞类

这类短视频虽然存在一定争议性，但是在碎片化传播的今天，也为网民提供了不少娱乐谈资。

4. 动画类

这类节目形式多见于行业知识介绍或者是一些知识普及类的节目，例如我们常见的 MG 动画。这类节目形式也具有清晰明了的特点，但是视频的制作周期相对较长，制作难度相对也较高。

图 5-10　动画类视频

5. 美食类

美食类视频内容总体可分为两类：一类是制作，一类是品尝。这两类内容有很大的差异性。大多数做美食的节目基本都是以教程内容为主，而品尝美食，更多的是一些美食测评。

图 5-11　美食类视频

6. 科普类

生活科普是比较普遍的一种知识类短视频内容类型，由于其兼具知识的专业性和实用性，适合短视频这种短小轻简的内容形式和碎片化的观看场景。这类内容较为生活化，且受众的门槛低。

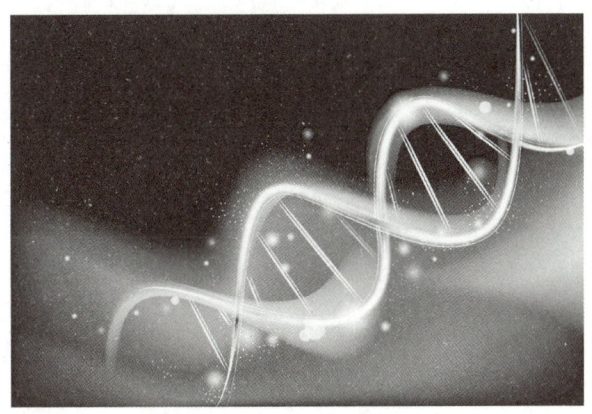

图 5-12　科普类视频

7. 萌宠类

越来越多的人喜欢上了饲养宠物，因条件限制养不了宠物的人就通过互联网"云养宠"（靠网络关注其他"铲屎官"，通过强势围观网络上的各种猫狗图文、视频来愉悦自己身心）。将萌宠拟人化，通过可爱的外表＋与人类相似的行为反馈，产生轻松、逗趣、暖心的效果。其中萌宠的行为多依赖配音、字幕、演绎等手段的辅助，贴近人们的语言系统。

图 5-13　萌宠类视频

8. 其他类

其他的分类还有才艺类、剧情类等视频。

图 5-14　才艺类视频

（三）短视频的内容设计

1. 分析目标客户群及用户习惯

在新媒体原创短视频领域，受众是一个相对宽泛的概念，是一个具有多元色彩的群体。由于受众之间存在的差别决定了他们在信息接受方面的差异，也就是说，不同的受众选择接受的信息不同。新媒体原创短视频的制作者无法强迫受众接受自己传递的信息，但是可以通过分析掌握新媒体原创短视频受众的接受心理，并根据其心理特点，明确自身定位、创新传播内容、改变传播方式,以赢得短视频迅速发展的先机。

建立短视频分析画像,将网络各大平台上的众多短视频进行分析、归纳、整理,区分不同的视频类型,比如将其分为以下几种类型:电商类短视频,商家介绍自己的产品;媒体类短视频,进行信息的分享;社交类短视频,向陌生人分享自己的生活;娱乐类短视频,以给用户带来欢乐为基本目的;教育类短视频,在短视频中以有趣的方式传授知识;咨询类短视频,将咨询第一时间推送给用户。想要建立短视频分析画像,就要收集各大平台上不同短视频播放数据量的差别,然后建立模型加以分析。

2.设计内容选题

在设计选题前,不妨先学习之前已经获得成功的同类型短视频的制作经验,分析对方成功的原因,以及对方的短视频中还存在的不足,以此建立起自己的短视频制作模板,但要注意避免大热题材、避免生搬硬套。

3.设计拍摄脚本

一个好的脚本,通常包含以下内容:

(1)拍摄定位。在拍摄前期,需要定位内容方向,是做剧情类、探店类视频,还是美食制作类等视频。

(2)拍摄参照。有时候想要的拍摄效果和最终出来的效果是会存在差异的,这时候可以找到对标的账号、IP,抖音内外均可,分析其拍摄手法及套路。

(3)景别设计。一般景别会用到远景、全景、中景、近景、特写等镜头,下面重点介绍这几种镜头的使用方式。

远景:远景就是把整个人和环境拍摄在画面里面,常用来展示事件发生的时间、环境等。

全景:全景比远景近一点,把人物的身体整个展示在画面里面,用来表现人物的全身动作,或者是人物之间的关系。

中景:半身以上,膝盖至头顶部分,这是采访常用景别,人物的交谈、上肢的语言比较集中于人物上肢的表达。

近景:指拍摄人物胸部以上至头部的部位,刻画人物表情神态等。

特写:一般就是对人物的某个特征进行自制拍摄,适合用来表现需要突出的细节。

(4)台词。台词是为了镜头表达准备的,起到画龙点睛的作用。60秒的

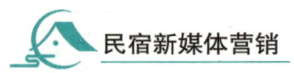

短视频,最好不要让文字超过180个字,不然听着会很累。

(5)时长。时长指的是单个镜头时间,提前标注清楚,以便剪辑的时候找到重点,提高剪辑的工作效率。

(6)运镜。运镜是指镜头的运动方式从近到远、平移推进、旋转推进等。

(7)道具。可以借用的道具有很多,但要切记不要让其盖住主角的风采,毕竟内容才是主要的。

(8)背景音乐。创作好视频脚本后,就到了选择背景音乐这最重要的一步。毕竟,插入恰到好处的背景音乐是渲染剧情气氛的最佳手段。选择当下热门音乐,更能增加上热门的概率。但也要注意配合场景选择合适的音乐,这方面需要多积累,可以多观察其他视频是怎样选择背景音乐的。

(9)结尾。视频结尾是涨粉的重要时机,所以一个好的结尾显得尤为重要。可以选择一些正能量价值观的经典语句,会让视频显得更有质感。

三、营销策划后期

(一)考核浏览量及追踪留言

浏览量,即短视频访问量,用户对短视频的每个访问均被记录1次。用户对同一视频的多次访问,访问量累计。短视频的浏览量通常和该内容的曝光度成正比,浏览量越大,视频效果通常被认为越好。此外转发、评论、点赞等也会被当做关键数据来考核。

在短视频的留言中,通常会包含大量有用的互动信息,比如潜在客户的咨询、已体验客户的评价等,这会对新客拉新或者老客回购有极大的帮助,因此,做好留言追踪也非常重要。

(二)修改及改进计划

因为短视频一旦曝光,便具有不可撤销性,所以每次的复盘,就显得尤为重要。通过对已发布短视频的镜头、剪辑、背景音乐、布光等进行复盘总结,记录不足。另外,已发布的短视频中,对视频本身有价值的评论,也可作为重要的复盘依据。

在改进计划中,建议针对选题、脚本、内容排期等进行有效改进。

第三节 民宿新媒体短视频营销推广

一、体验类内容转化效果好

在新媒体行业刚刚兴起的时候，优质的内容一直都是新媒体的基础，只是以前的内容是基于文字的，现在的内容是基于视频内容的。优质的内容可以保持用户的活跃，并持续增长用户，还可以使用户留存下来。所以对于短视频平台来说，现在有太多的同质化的内容，如果能持续地输出优质的有差异的内容，那么对于运营者来说将会是很好的选择。以目前的民宿短视频来看，体验类和展示真实内容的点赞和转化率都比较好，因为此类短视频带来的用户留存效果也比较好。

二、借助技术进行个性化推荐

对于短视频这样的互联网时代的产物，在互联网时代肯定要与当下的科技产生联系，所以可以通过大数据+AI技术来进行个性化推荐，更贴合用户的喜好；民宿短视频的创作，也更应该借助算法的帮助，来更好地进行选题和内容输出。

三、垂直领域的精准深挖

目前的短视频行业最主要的仍然是面向娱乐、生活化的主题。随着未来不断发展，内容会更加垂直化。垂直化的内容对用户具有更大的吸引力，因为垂直领域的内容更加精准，对用户来说更容易找到想要的东西或者同好，对于企业来说营销数据更精准。因此，如果民宿主或者民宿运营方甚至博主本身可以在民宿这个题材上深挖，使得该频道垂直于民宿领域，那么粉丝就更有价值，产出的内容更容易被分类。

思考与练习

一、思考题

1. 请挑选当地景区周边的一家民宿进行客群分析。主要围绕年龄、消费层次、兴趣爱好、消费习惯等方面进行分析。

2. 设计一个时长为1分钟的探店类视频脚本,要求脚本中要设计搞笑类的情节。脚本应涵盖:景别/拍摄内容/台词/参考画面/参考背景音乐等有效内容。

3. 小组作业:根据本章节所学内容,完成一条具有传统民族特色的民宿宣传视频(四人一组)。

二、教学实训项目

实践教学主要内容

与民宿合作,教师带领学生对民宿开展"一日入住"短视频制作,以第一人称的视角展现该合作民宿的特色和入住体验。

实践教学主要完成过程

实训项目	为民宿摄制短视频并有效发布
实训地点	当地民宿
实训目的与要求	运用本章所学的短视频知识,为所选民宿量身定制短视频脚本,分组拍摄并成片,通过自媒体平台发布
实训设备及材料准备	相机、手机、电脑等
模拟情境描述	组织学生赴当地某民宿,模拟一个普通入住客人,以第一人称视角,从进店、办理入住、房间情况、餐食特色等方面,摄制沉浸式的完整入住体验,并形成短视频
模拟训练要求	1. 学生分组,三人一个小组,通过对所选民宿的调研,挑选一个适合的短视频创意方向 2. 学生分工明确,脚本、拍摄、剪辑、发布等步骤明确清晰,步步落实并有记录 3. 发布后,如实记录发布情况,如播放量、完播率、点赞评论量等,形成总结
任务考核	任课教师、民宿管家、民宿主人就发布后的评论播放等关键数据,对学生的短视频共同打分,重点考核短视频的制作效率、成片效果、播放效果

第六章
民宿新媒体直播营销

本章导读

本章主要介绍了民宿新媒体直播营销的相关知识,包括短视频拍摄、制作、发布平台等内容。通过分析目标客户,精准进行直播活动和直播营销。

学习目标

1. 了解民宿新媒体直播的现状。
2. 了解直播营销的基本方法。
3. 学会设计民宿类直播内容脚本并进行实践。

思政目标

1. 课程是为"培养怎样的人"服务的,在直播课程中加入课程思政元素有利于提高新媒体时代人才培养质量。
2. 结合直播营销需求,坚持立德树人的根本任务,培育学生文化自信、诚实守信、精益求精的职业素养。

思维导图

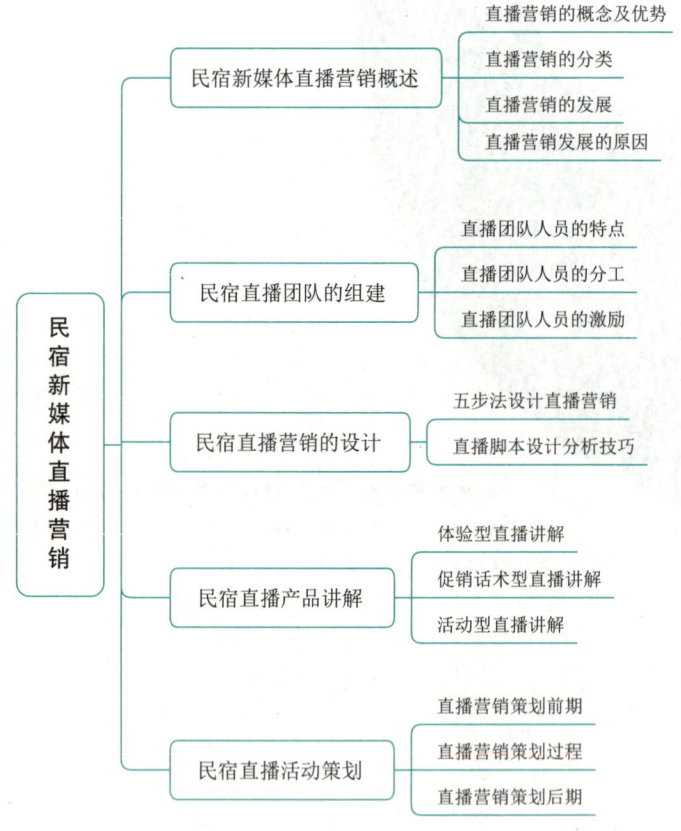

第一节　民宿新媒体直播营销概述

一、直播营销的概念及优势

(一)直播营销的基础概念

"直播"一词由来已久,在传统媒体平台就已有基于电视或广播产生的现场直播形式,如晚会直播、访谈直播、体育赛事直播、新闻直播等。广播电视辞典将直播界定为"广播电视节目的后期合成与播出同时进行的播出方式"。

随着互联网的高速发展与智能手机的迅速普及,伴随 5G 时代的到来,对于直播的概念产生了新的延展,越来越多基于互联网的直播形式开始出现,包括但不限于网络直播、互联网直播、电商直播等形式。现在的直播一般指用户在手机上装载直播软件后,利用手机摄像头对内容(采访、旅行、对话、发布会等)的实时呈现,其他用户通过互联网在相应的直播平台可以直接同步观看与互动。

相对于传统的静态图文内容,如今的互联网直播主要以视频形式向用户传递信息内容,表现形式更加立体化,且能实现双向实时互动,更容易吸引用户的注意力,因而得到了蓬勃的发展。

图 6-1　直播越来越受青睐

广义的直播营销，通常指企业以直播平台为载体进行营销活动，以达到品牌提升或销量增长的目的。自 2016 年起，互联网直播进入爆发期，直播平台超过 300 家，用户超 2 亿人。现阶段谈到的直播营销、移动直播营销等，多数情况下默认是基于互联网的直播。

（二）直播营销的主要特点

直播营销之所以受到越来越多企业的青睐，主要是因为其具备即时性、常用性、直接性三大特点。

1. 即时性

由于直播过程与事件的发生、发展进程同步，第一时间即可反映现场状态，无论是选秀节目的投票数据、体育赛事的最新比分抑或是新闻资讯的最新进展，均可在第一时间内呈现给用户。

2. 常用性

收听或观看直播通常无需专门购买昂贵的设备，使用电视机、计算机、收音机、移动手机等常用设备即可了解事件的最新进展。基于此特点，受众之间的相互推荐变得更加方便，从而更有利于直播的传播。

3. 直接性

与录播节目相比，直播节目相对而言剪辑与后期加工较少，所有现场情况经过导播筛选后可直接传达给受众。因此，直播节目的制作方或主办方通常需要花费更多精力去策划直播流程并筹备软、硬件，相对而言对直播的容错率要求较高，以免影响制作方或企业的品牌形象。

（三）直播营销的四大优势

企业营销活动通常指企业研发出满足客户需求的产品，将产品价值呈现给客户，并实现价值交换（企业交付产品、客户支付款项）。而在产品已经成型的前提条件下，企业营销的重点是呈现产品价值、实现价值交换两大模块。

在传统的市场营销活动中，企业呈现产品价值主要依靠户外广告、新闻报道、线下活动等形式，企业实现价值交换则是借助推销员销售、自动售货机贩卖、电话下单与发货等方式。

互联网直播的出现，给企业带来了新的营销机会。借助直播，企业可以在上述呈现产品价值环节支付更低的营销成本，收获更快捷的营销覆盖；在上述实现价值交换环节实现更直接的营销效果，收到更有效的营销反馈。通常直播营销具有以下四大优势：

1. 更低的营销成本

传统广告营销方式的成本越来越高，楼宇广告、车贴广告、电视广告的费用从几十万元到上百万元不等。网络营销刚兴起之时，企业可以使用较低成本获取用户与销售产品，但随着淘宝、百度等平台用户增加，无论搜索引擎广告还是电商首页广告的营销成本都开始变高，部分自媒体账号的软文广告费高达 50 万元。而直播营销对场地、物料等需求较少，是目前成本较低的营销形式之一。

2016 年 5 月，小米公司举办了一场纯在线直播的新品发布会，小米公司总经理直接在办公室通过十多家视频网站和手机直播 APP，以及自家的"小米直播"APP 发布了其生态链产品小米无人机。采用线上直播的形式，无须租借会议酒店，无须准备户外宣传，无须进行大型会场布置，所花费的成本仅十余台手机而已。

2. 更快捷的场景导入

用户在网站浏览产品图文或是在网店翻看产品参数时，通常需要在大脑中自行构建产品的使用场景。而直播营销通常直接将主播试吃、试玩、试用等过程直观地展示在用户面前，更快捷地将用户带入营销所需场景。

3. 更直接的销售转化

对于任意线上直播间而言，可同时接待的用户数量远超于线下导购场景，能在短时间内服务更多的潜在用户，消费者往往会受环境影响产生众多纷杂不已的购买动机，从而最终下单。

4. 更明显的营销反馈

在产品已经成型的前提条件下，企业营销的重点是呈现产品价值、实现价值交换，但为了持续优化产品及营销过程，企业需要注重营销反馈，了解顾客意见。由于直播互动是双向的，主播将直播内容呈现给观众的同时，观众也可以通过弹幕的形式分享体验。因此企业可以借助直播，一方面，收到已经用过产品的消费者的使用反馈；另一方面，收获现场观众的观看反馈，便于下一次直播营销时进行修正。

二、直播营销的分类

直播营销并不是主播简单地在直播间叫卖商品，直播间的直播营销方式

有很多种,其主要形式如表 6-1 所列。

表 6-1 民宿直播营销的主要形式

直播营销形式	直播间形式	直播内容	商品来源
推销式直播	自己搭建的室内直播间	主播讲解并展示商品,通过促销方式引导用户做出购买决策	品牌商合作的商品
产地式直播	商品的原产地或生产车间	展示商品真实的生产环境与生产过程,通过展示真实感引导用户做出购买决策	合作地区的农产品、合作品牌方产品
基地式直播	向基地运营方缴纳服务费用,使用直播基地提供的直播间	主播讲解并展示商品,通过丰富的品类及有吸引力的价格策略引导用户做出购买决策	直播基地商品,通常附带有购买链接,可一键上架至直播间
体验式直播	自己搭建的室内直播间	在直播间,主播现场对商品进行加工与制作,向用户展示商品经过加工后的真实状态或商品的使用过程,唤起用户的体验兴趣,吸引用户做出购买决策	自制商品,或者品牌商提供的商品,主要类别以小家电与食品为主
砍价式直播	自己搭建的室内直播间或品牌商提供的直播间	主播先向用户分析商品的优缺点,并告诉用户商品的价格区间,待确定用户有一定的购买意向之后,主播再向品牌商砍价,为用户争取更优惠的价格	多为品牌商合作的商品
秒杀式直播	自己搭建的室内直播间	向用户推荐商品,通过限时、限量等方式,刺激用户快速做出购买决策	多为品牌商合作的商品
知识类直播	自己搭建的室内直播间	主播以授课的方式在直播中分享一些有价值的知识与技巧,在获得用户信任后,再推荐合作商品与所分享知识相关的在线教育类服务	多为品牌商合作的商品,或者与所分享知识类相关的在线教育类服务
才艺式直播	自己搭建的室内直播间	主播通过直播表演相关才艺,并在才艺展示过程中推广相关产品,如乐器、服装等	多为品牌商合作的商品

第六章　民宿新媒体直播营销

续表

直播营销形式	直播间形式	直播内容	商品来源
测评式直播	自己搭建的室内直播间	主播边拆箱边介绍箱子里面的商品，客观描述商品的特点与使用体验，让用户真实、全面地了解商品的功能与性能，从而让用户产生购买意愿或是做出购买决策	多为品牌商合作的商品，品类多为数码产品
访谈式直播	自己搭建的室内直播间	围绕跟商品相关的某个主题，主播与嘉宾通过互动交谈的方式阐述自己的观点与看法，并向用户介绍商品的独特功能和使用方法，吸引用户做出购买决策	多为品牌商合作的商品
海淘式直播	在国外商城、免税店等地方进行直播	主播在国外商城或是免税店等地方进行直播，展示国外商场或免税店的商品及选购过程，提升用户的信任度，引导用户做出购买决策	国外商场或免税店销售的产品
日常式直播	日常生活场所	对主播个人而言，可以直播日常生活的内容，对于企业而言，也可以直播企业的日常工作场景，如研发新品的过程、生产商品的过程、领导开会的情景、员工的工作状态等，通过趣味内容的直播，提升用户对于主播及直播间的用户黏性	对直播团队来说，可以推荐品牌商合作商品，对企业的直播部门来说，在直播间可以推荐企业自己的商品或合作商的商品

三、直播营销的发展

网络速度与硬件水平是影响互联网直播发展的主要因素，受这两种因素制约，互联网直播行业的发展分为四大阶段，包括图文直播、秀场直播、游戏直播与移动直播。直播的发展历程，从某种程度上看，也是直播营销价值的发掘过程。

1. 图文直播

拨号上网与宽带上网刚兴起之时，受限于网速原因，用户上网以聊天、看新闻、逛论坛为主。因此，这一时期的直播形式仅支持文字或图片，用户通过各类论坛追贴、即时聊天工具分享等形式了解事件的最新进展。

2. 秀场直播

随着网络技术的发展，视频直播开始出现，但受制于计算机运行速度与内容容量限制，用户无法同时打开多款软件进行直播、游戏等行为，仅支持利用网页或客户端观看秀场直播。秀场是公众展示个人能力的互联网空间，从 2005 年开始在国内兴起。

3. 游戏直播

随着计算机硬件的发展，网民可以打开计算机进行多线操作，"一边听语音直播一边玩游戏"的形式开始出现，游戏直播开始兴起。与此同时，国内外一系列游戏直播平台开始出现。

2008 年，主打语音直播的 YY 语音面世，并受到游戏玩家的推崇。在早期网游领域，使用 YY 语音进行游戏沟通成为游戏爱好者的默认共识。

2011 年，美国 Twitch.TV 从 Justin.TV 分离，独立成为首家游戏直播平台，主打游戏直播及互动。2013 年 YY 游戏直播上线，2014 年斗鱼直播上线，国内 PC 端游戏直播平台初具规模。

4. 移动直播

随着智能手机硬件不断升级，移动互联网逐步提速降费，进入全民移动直播时代，与之对应的是大批移动直播网站与 APP 的火爆。

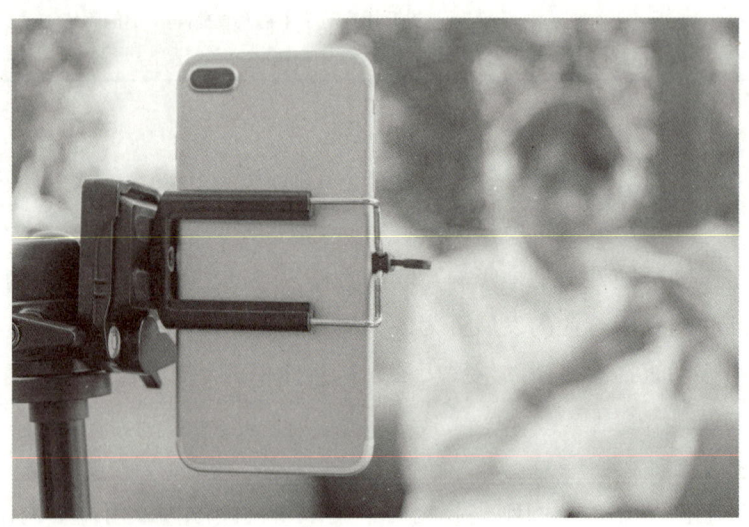

图 6-2　移动直播

2015年，国内映客、熊猫、花椒等纷纷布局移动直播市场，相关直播创业公司也顺势成立。

2016年，网络直播市场迎来了真正的爆发期，手机视频直播成为继视频、秀场后的新兴市场，备受各大直播平台的青睐。移动直播市场发展迅速，直播内容覆盖生活的方方面面，包括聊天、购物、游戏、旅游等。

2017年，经过一年多的行业洗牌，市场中知名度较高的直播平台仅剩数十家，其中具有代表性的平台有花椒直播、映客直播、一直播等。

花椒直播平台利用"明星+主播"的形式，请明星助阵、对明星进行专访、让明星做主播，通过一些明星的主题活动，迅速占领了移动直播的一部分市场。

映客直播平台与音乐人、综艺节目、明星合作，"奇葩说天团"在映客开展首场直播秀后，一些明星纷纷入驻，一时间将"你丑你先睡，我美我直播"的映客直播口号刷遍朋友圈。

一直播作为微博的直播战略合作伙伴，其运营形式与微博的"明星带动用户"策略相似。自贾××任"一直播首席创意官"开启明星直播节目后，有300多位明星纷纷开通一直播与网友互动，明星直播直接带动了一直播的平台用户增长。

而后随着短视频平台的大力发展，抖音、快手、B站也纷纷进驻直播领域。

四、直播营销发展的原因

1. 移动网络提速和智能设备的普及

各种完全诞生在移动互联网时代的视频直播APP开始涌现，并受到资本市场的关注。这其实得益于移动网络速度的提升以及流量资费的降低，视频直播能够比以往更加流畅，更为重要的是手机视频拍摄的普及，让人们逐渐摆脱了无线网络和电脑而直接通过智能手机进行视频拍摄上传，这就使得视频直播有了更多的场景，从而让企业有了全新的营销机会，可以随时随地、更加立体地展示企业的文化，发出企业的声音，而不再仅仅依靠传统的图文方式。

2. 企业需要更立体的营销平台

在过去几年，很多企业、政府机构已经在微博、微信开通账号，将其作为企业品牌营销和文化传播的标配。不过，这些传播基本还是以图文为主，在微信上，可能的传播方式还要更多一些，比如一些H5游戏或展示页面，但这远远不够。因为图文始终不够立体，用户看到的还都是静止的，并且在如今的信息时代，单纯的文字传播很可能被忽略。而视频直播的兴起，正好弥补了以前企业进行营销传播时的缺憾，在微博、微信之外，又多了一个更为立体生动的营销阵地。

3. 网友看视频玩视频的习惯养成

无论是移动互联网时代的机遇也好，还是企业营销的需求驱动也罢，这一切最重要的根基是用户愿意在这个平台上进行"玩耍"。越来越多的人愿意在视频平台上花费时间创造内容和浏览内容，这都得益于用户习惯的培养。

第二节　民宿直播团队的组建

一、直播团队人员的特点

新成立的直播团队为了节约运营成本，往往是一人身兼数职，而有一定财力基础的直播团队则可以配置专人专职的团队。

按照直播间资源投入状况与营销目标，可以把直播团队分为低配版、基础版、进阶版、高阶版和旗舰版5个级别。不同的团队配置，有不同的运营策略。直播团队配置如表6-2所示。

表6-2　直播团队配置

配置方案	主播	运营	编导	助理	选品	客服	场控	其他
低配版	1	1	-	-	-	-	-	-
基础版	1	1	1	1	-	-	-	-
进阶版	2	1	1	1	1	-	-	-

续表

配置方案	主播	运营	编导	助理	选品	客服	场控	其他
高阶版	2	1	1	1	1	1	1	—
旗舰版	2	2	1	2	2	1	1	按需设置

二、直播团队人员的分工

1. 主播

主播是直播营销的核心人员。一个优秀的主播，需要具备三个特点，即有镜头感、有综艺感、敬业。

（1）有镜头感。面对镜头，很多人感觉自己是在和机器说话，表情僵硬，浑身不自然。有镜头感的人，在面对镜头介绍民宿时，就像面对面给朋友推荐商品。

（2）有综艺感。指在直播过程中，能够制造笑点，调节气氛；也能够以幽默的形式化解尴尬、应对各种问题。

（3）敬业。主播并不一定对要推荐的民宿非常了解，敬业的主播会在开播前多做功课，尽可能地了解民宿。

低配版团队中的主播，不仅要做好直播间的直播工作，还需要自己撰写直播脚本、总结直播话术，以及准备直播间道具等。因此，主播也需要具备相关方面的技能。

2. 运营

运营人员除了要做好直播平台的运营工作外，还需要参与招商、选品、直播场控、直播数据分析、直播竞品分析等工作。这意味着，运营人员也应该是能够一人身兼数职的"全能型人才"。

3. 编导

编导的加入，可以让直播工作环节更具专业性和系统性。一般而言，在直播团队中，编导的主要作用如下：

（1）策划主播的人设。

（2）策划及撰写直播内容大纲、话术脚本。

（3）在直播前，组织团队召开会议，与团队成员沟通及预演直播爆点、民宿特点、互动环节等直播细节。

（4）负责直播过程中的监测工作和协调工作。

（5）负责直播过程的复盘与优化。

此外，编导还可以根据直播营销需求，策划和制作各类民宿宣传片和外景片，并负责拍摄脚本的撰写、摄像、后期剪辑、特效包装等工作。

4. 助理

如今，"一名主播＋一名助理"已经成了直播间的标配。在流量较大的直播间，主播难以一个人在直播中兼顾民宿推荐与用户运营的工作，通常会搭配一名助理。

助理在直播过程中有以下四个方面的作用：

（1）引出话题。有时候主播无法在直播时直接表达某个观点，这时就需要借由助理进行表达。

（2）提醒示意。一场直播可能会持续2~4小时，主播想要记住民宿的所有特点，难度较大，而助理就可以在主播忘记某个关键的信息时巧妙提醒，如事先设定的幽默点、福利环节等。

（3）捧哏逗哏。传统的相声分为逗哏和捧哏两个角色，两个人一唱一和，可以把一件事说得生动、形象。在直播间，主播和助理也可以通过这种方式活跃氛围，强化重点。

（4）互动引导。在直播间，主播和助理分工明确，更有助于做好直播营销。主播主要负责民宿本身及优惠的介绍，助理则主要负责活跃气氛，并且兼顾直播间的用户引导工作，如引导关注、引导分享、引导填写信息、引导加入购物车、引导评论互动、引导下单、对粉丝送礼表达感谢等。

5. 选品

选品的主要工作包括民宿合作洽谈、直播间产品的选择等与商务合作和民宿相关的工作。

选品岗对直播营销来说也非常重要。在直播间，粉丝购买主播推荐的商品，是从"好奇"到"信任"再到"信赖"的过程。而这个过程，需要在选品人员的支持下才能顺利完成。

6. 场控

场控的工作职责如下：

（1）直播前，进行相关的软硬件的调试；直播中，负责中控台所有相关的后台操作，包括直播推送、发布公告、上架商品等。

（2）进行直播数据监测，包括实时在线人数峰值、链接点击率等监测数据，出现异常情况场控人员需要及时反映给运营人员。

（3）在直播开始后，场控人员为运营人员传递临时信息给主播或助理。

此外，场控人员需要关注主播在每个环节的讲述时长，必要时，需要提醒主播注意直播节奏，从而让整个直播过程保持预定的节奏。

7. 客服

客服岗的主要工作是开播前，确认产品、样品及道具是否准备好；直播过程中，在直播间回答关于民宿的相关咨询；直播后，负责处理用户的售后问题等。

图 6-3　直播客服也是直播团队中不可缺少的成员

三、直播团队人员的激励

根据事后直播环节复盘，可对直播目标进行拆分。可整体将其归纳为两个步骤，即展示目标与对比结果。

在直播之前，直播团队往往已经根据实际情况制订了合适的目标，一般

根据民宿直播会分为两种情况讨论,即带货直播或是展示直播。带货直播考核目标一般为 GMV(Gross Merchandise Volume)即商品交易总额,展示直播一般以民宿展示或某一次活动展示为主,此时考核目标即为观看人数与峰值观看人数。因此只需要把目标展示出来即可。展示目标时,直播团队可以将既定目标清晰、明确地展示在复盘会议中的一个显眼之处,例如写在白板上,或者投影在屏幕上,让团队的所有成员都能看到,实时回顾和对比,从而确保整个复盘过程都是围绕目标进行的。

对比结果,即直播团队将直播的实际结果与希望实现的目标进行对比,发现两者的差距。只有了解两者的差距,才能在后续的复盘过程中分析造成这种差距的原因,探究实现目标的有效方法。

在直播复盘的过程中,结果与目标的对比往往会有 3 种情况,即结果比目标好、结果与目标一致、结果不如目标。

由于回顾目标的目的是发现存在的问题,为后续的分析提供方向,因此,直播团队在后续的分析中就需要重点分析结果与目标不一致的地方在哪里,为什么会出现这样的差距,并根据考核结果给予团队成员一定的奖励。

第三节　民宿直播营销的设计

一、五步法设计直播营销

一场直播活动,背后都有着明确的营销设计,即通过直播营销提升企业品牌形象或是利用直播营销促进产品销量。

将企业营销目的巧妙地设置在直播的各个环节,这就是直播营销的整体设计。直播营销的整体设计主要包括五大环节,即整体思路、策划筹备、直播执行、后期传播、效果总结。新媒体团队需要对每个环节进行策划,一个环节一个步骤,用"五步法"设计直播营销,确保民宿直播营销的完整性和有效性。

"五步法"设计直播营销:

1. 整体思路

直播营销的第一大环节是整体思路。在做营销方案之前,新媒体团队必须先厘清整体思路，然后有目的、有针对性地策划与执行。刚接触直播营销的新手容易进入一个误区，认为"直播营销只不过是一场小活动而已，做好方案然后认真执行就够了"。实际上，如果没有整体思路的指导，直播营销很有可能只是好看、好玩而已，并没有达到民宿的营销目的。直播营销的整体思路设计，包括三部分，即目的分析、方式选择和策略组合。

首先是目的分析。对民宿而言，直播只是一种营销手段，因此民宿直播营销不能只是简单地进行线上民宿展示，而是需要综合产品特色、目标用户、营销目标，提炼出直播营销的目的。

其次是方式选择。在确定直播目的后，企业新媒体团队需要在颜值营销、明星营销、稀有营销、利他营销等方式中，选择其中的一种或多种进行组合。

最后是策略组合。方式选择完成后，民宿需要对场景、产品、创意等模块进行组合，以设计出最优的直播策略。

2. 策划筹备

直播营销的第二大环节是策划筹备。好的直播营销需要"兵马未动，粮草先行"。首先，要撰写完善直播营销方案；其次，在直播开始前将直播过程中用到的软硬件测试好，并尽可能降低失误率，防止因为筹备疏忽而引起不好的直播效果。

为了确保直播当天的人气，新媒体运营团队还需要提前进行宣传预热，鼓励粉丝提前进入直播间，静候直播开场。

3. 直播执行

直播营销的第三大环节是直播执行。前期筹备是为了现场执行更流畅，因为从观众的角度，只能看到直播现场，无法感知前期的筹备。

为了达到已经设定好的直播营销目的，主持人及现场工作人员需要尽可能按照民宿直播营销方案，顺畅地推进直播开场、直播互动、直播收尾等环节，并确保直播的顺利完成。

4. 后期传播

民宿直播营销的第四大环节是后期传播。直播结束并不意味着营销结束，新媒体运营团队需要将直播涉及的图片、文字、视频等内容，继续通过互联网传播出去，让未观看现场直播的粉丝也能看到，使直播效果最大化。

5. 效果总结

直播营销的第五大环节是效果总结。直播后期传播完成后，新媒体团队需要进行复盘,一方面进行直播数据统计并与直播前的营销目的做比较,判断直播效果;另一方面组织团队讨论,提炼出本场直播的经验与教训,做好团队经验备份。

每一次直播营销结束后的总结与复盘,都可以作为新媒体团队的整体经验,为下一次民宿直播营销提供优化依据或策划参考。

需要强调的是,直播营销的第四大环节"后期传播"与第五大环节"效果总结"虽然都是在现场直播结束后进行的,但是作为直播的组织者,必须在直播开始前就做好两方面的准备。

第一,提前设计数据收集路径。如美团流量来源设置、网站分销链接生成、微信公众号后台问卷设置等。

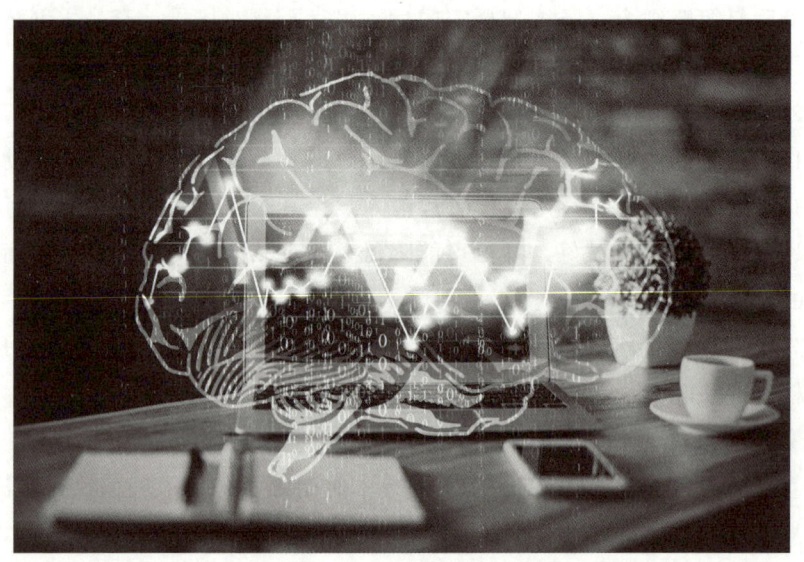

图 6-4　数据收集与分析对直播营销的总结很重要

第二,提前安排统计人员。不少直播网站后台的数据分析功能不够细化,因此一部分数据(如不同时间段的人气情况、不同环节下的互动情况等)需要人工统计,便于后续分析。

二、直播脚本设计分析技巧

直播活动的脚本方案,俗称"直播脚本",可以理解为直播内容的策划方案，是直播团队通过结构化、规范化及流程化的说明，为主播在直播间的内容输出提供线索指引，以确保直播过程的顺利进行及直播内容的输出质量。民宿直播脚本主要为整场脚本。

整场脚本策划，即直播团队策划并撰写直播过程中的每一个具体环节的关键内容。一个简捷的策划方法是先规划时间，再整合工作内容，完成脚本策划。规划时间，即根据直播的目的，确定直播过程中的各个环节及关键环节，并根据直播时间预算，为每个环节规划时间。直播活动策划如表6-3所示。

表6-3 直播活动策划

直播活动概述					
直播主题	可以从用户需求的角度设计直播主题，如"冬日温泉民宿之旅"等				
直播目标	流量目标：吸引××用户观看；销售目标：推荐10家温泉民宿				
主播人员	主播：×××；运营：×××；助理：×××；客服：××× 等				
直播时间	×年×月×日15：00~17：00				
注意事项	1. 合理把控商品推荐时长与用户互动时长 2. 着重推荐某爆款旅游景点民宿				
时间段	流程	主播	助理	客服	备注
15：00~ 15：05	打招呼	进入直播间，与用户打招呼	进行简单自我介绍，引导用户点赞分享	向私域推送开播通知	
15：05~ 15：15	暖场/互动	介绍相关规则及福利，引导用户关注	配合主播进行演示，回答用户问题	向私域推送直播信息	
15：15~ 15：20	活动预告	预告今日推荐民宿与优惠力度	补充主播遗漏内容，引导用户互动		
15：20~ 15：25	福利抽奖	介绍奖品与规则，引导用户参与抽奖	介绍参与抽奖方法	收集获奖信息，引导用户点赞	奖品数量、名称、市场价格

续表

时间段	流程	主播	助理	客服	备注
15:25~15:40	民宿1介绍	介绍民宿特点	配合主播讲解并进行展示	添加民宿1下单链接,回复关于民宿1订单问题	
15:40~15:55	民宿2介绍	介绍民宿特点	配合主播讲解并进行展示	添加民宿2下单链接,回复关于民宿2订单问题	
15:55~16:00	福利抽奖	介绍奖品与规则,引导用户参与抽奖	介绍参与抽奖方法	收集获奖信息,引导用户点赞	奖品数量、名称、市场价格
16:00~16:15	民宿3介绍	介绍民宿特点	配合主播讲解并进行展示	添加民宿3下单链接,回复关于民宿3订单问题	
16:15~16:30	民宿4介绍	介绍民宿特点	配合主播讲解并进行展示	添加民宿4下单链接,回复关于民宿4订单问题	
16:30~16:40	主播讲故事	主播讲述自己与团队的故事	配合主播进行故事讲解	收集用户反馈	
16:40~16:55	民宿5介绍	介绍民宿特点	配合主播讲解并进行展示	添加民宿5下单链接,回复关于民宿5订单问题	
16:55~17:00	下期预告	预告下一场直播	引导用户关注直播间	回复关于订单的问题	下期直播时间、商品与福利

第四节　民宿直播产品讲解

一、体验型直播讲解

体验型直播一般在民宿空间内进行直播,由主播亲自进行体验,并展示民宿空间,身份可进行改变,例如以民宿主人、游客等身份进行直播。通过展示并讲解民宿空间,构建使用场景,唤起用户体验兴趣,激发用户对于民宿的向往之情,引导用户做出购买决策。

图 6-5　可在民宿空间内进行体验型直播讲解

二、促销话术型直播讲解

促销话术直播一般在自行搭建的直播间内,或是民宿空间,由主播配合视频、图片等物料展示民宿环境,并配合相关优惠券,例如"388 抢购原价 1988 的高端民宿",通过限时、限量等方式,刺激用户快速做出购买决策。

三、活动型直播讲解

活动型民宿直播一般在活动现场内，由主播展示相关的活动内容，例如冬日温泉、夏日漂流、冬日滑雪、篝火晚会等活动，展示民宿及活动现场真实环境，激发用户体验兴趣，促使用户做出购买决策。

图 6-6　民宿可通过诸如篝火晚会这样的活动进行直播讲解

【案例 6-1】

每晚六点半，谷主陪吃饭

8 年前，谷主陈子墨和谷婆回老家张家界定居，翻盖老屋时就势建成了民宿。

直播看夕阳，兴致来了跳支舞，或是请民宿的厨娘献唱一曲……60 后的陈子墨在抖音开了一个月的直播，就吸引到 6 万多粉丝关注。

像陈子墨一样通过直播增加民宿曝光率的民宿主不在少数。2017 年 2 月以来，抖音、马蜂窝、飞猪、途家网等平台都推出了直播通道。海螺小姐在 2 月中下旬收到了途家网的邀请，参与到"云度假"栏目的筹备中，峰值时有 8 万人观看。

第六章　民宿新媒体直播营销

"为什么不参加呢？百利无一害的事情没理由拒绝啊。这个栏目的形式还比较热门，现在大家在家都憋坏了，是有旅行需求的，我们在这个时间点给观众'种草'的效果应该很好。"海螺小姐的想法代表了大多数参与直播的民宿主。

民宿主直播的风格千差万别。海螺小姐以摩洛哥风情的民宿为依托，示范了在民宿中的多种拍照角度和方法；隐海则选择了一条京味特色的景点路线，带着观众看了看古香宁静的北京城。

对大部分平台而言，上线民宿直播并不是疫情专属的计划，构建一个闭环直播生态已经成为一种战略。"现在处于'欢迎大家都来尝试'这么一个阶段，我们会定向邀请一批商户，也会公开招募一些。"与多家平台合作的民宿公寓管理系统服务商创始人介绍道。

一些平台已经实现闭环，民宿主可在直播中挂出民宿预订链接，还可以挂出其淘宝系统的商品链接，由此形成联动，但多数平台仍以展示和增加曝光量为主。

（资料来源：《每日经济新闻》）

案例分析： 整体而言，民宿直播尚难以成为一个生意，但对于平台而言可增加流量，对于民宿可增加曝光率，对于打破空间限制而言，这仍然是个双赢的选择。

第五节　民宿直播活动策划

一、直播营销策划前期

完整的思路设计是直播营销的灵魂，但是仅依靠思路无法有效实现营销目的，企业新媒体团队必须将抽象的思路具象化，以方案的形式进行呈现。直播方案的作用是传达。在直播营销思路及目的敲定后，需要通过直播方案准确地表达，将核心思路传达给新媒体团队所有人及外部直播平台运营人、合作主播、摄像师等参与人员。表6-4为直播营销策划前期分工。

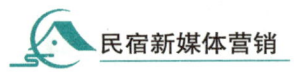

表 6-4 直播营销策划前期分工

执行	各项负责人
	落地推进
方案	参与人员
	明确传达
思路	高管敲定
	抽象概述

作为传达的过渡或桥梁，直播方案需要将抽象概述的思路转换成明确传达的文字，使所有参与人员，尤其是直播相关项目的负责人既要了解整体思路，又要明确落地方法及步骤。

由于直播方案一般用于团队内部沟通，目的是用最精练的语言让直播相关的所有人员熟悉活动流程及分工，因此没必要在时代背景、营销理念、实施意义等宏观层面花过多的笔墨，正文简明扼要、直达主题即可。

一般，完整的直播方案正文，需要包括直播目的、直播简述、人员分工、时间节点、预算控制五大要素。

（1）直播目的。方案正文首先需要传达直播目的，告诉团队成员，通过这场直播需要完成的销售目标、需要提升的口碑关键词、现场期望达到的观众数量等信息。

（2）直播阐述。方案正文需要对直播的整体思路进行简要描述或以一页 PPT 的形式展示，包括直播形式、直播平台、直播亮点、直播主题等内容。

（3）人员分工。直播需要按照执行环节对人员进行项目分组，包括道具组、渠道组、内容组、摄制组等。每个项目组的负责人姓名、成员姓名等信息需要在方案正文中予以介绍。

（4）时间节点。时间节点包括两部分：第一部分是直播的整体时间节点，含开始时间、结束时间、前期筹备时间、发酵时间段等，便于所有参与者对直播有一个宏观印象；第二部分是项目组时间节点，方案正文清晰传达每个项目组的任务截止时间，防止由于某项目组在某环节延期而导致直播整体延误。

（5）预算控制。每一场直播活动都会涉及预算，新媒体团队整体预算情况、各环节预期需要的开支情况都需要在方案正文中进行简要描述。当某个项目组有可能会出现预算超支的情况时，需要提前知会相关负责人，便于整体协调。

图 6-7　直播项目控制也是重要的组成部分

二、直播营销策划过程

直播方案的正文需要让所有参与直播的人员知晓，而直播方案的执行规划具有更强的针对性，需要各项目组参与者必须熟练。直播方案的执行规划一般由项目操盘规划、项目跟进规划组成。

1. 项目操盘规划

项目操盘规划主要用来保障项目推进的完整性，通常以项目操盘规划表的形式出现。一个好的想法并不足以支撑方案的具体落地，为保证方案的落地并与最终直播目的契合，需要把好的想法系统化，以一个可视化、可监督跟进的形式展示出来，这就是项目操盘规划表，如表 6-5 所示。

表 6-5 项目操盘规划表

时间	1月1日 星期一	1月2日 星期二	1月3日 星期三	1月4日 星期四	1月5日 星期五	1月6日 星期六	1月7日 星期日
阶段	前期筹备		直播执行			后期发酵与直播	
场地							
直播硬件							
宣传							

2. 项目跟进规划

项目操盘规划在方案的整体推进上进行了大致安排,而项目跟进规划则在方案的执行细节上进行细化,明确在每个阶段的具体工作是什么、完成时间是什么时候、负责人是谁等。为保障项目能够顺利进行,项目跟进规划需要设计项目跟进表,按照"一人一事跟进到底"的原则,有利于在项目执行中就某一板块通过该事项负责人进行全面了解,如表 6-6 所示。

表 6-6　项目跟进规划表

板块	内容	形式	发布平台	提交时间	提交方/审核方	前期准备				直播当日	后期宣传	
						1.1	1.2	1.3	1.4	1.5	1.6	1.7
场地												
直播硬件												
宣传												
人员协调												

项目跟进表左侧的"板块"为直播活动的所有板块，包括场地、硬件、宣传等；"内容"栏为板块的简要描述；"形式"栏可以标注项目形式，通常为文字、图片或视频；"发布平台"栏标出内容发布平台，包括直播平台、微博、微信、网络媒体等；"提交时间"栏需要写出任务截止时间，建议每项工作预留出一定时间，以便审核确认；"提交方/审核方"栏指该项内容的负责

人；日期下方的色块即该项任务的推进时间。

项目跟进表的制订并非完全固定，在不改变制作项目跟进表目的的基础上，可根据具体需求进行表格调整，以满足项目跟进的需求。

图 6-8 项目跟进会

三、直播营销策划后期

由于直播平台在线人数有限，为了达到更好的营销效果，在直播活动开始前，企业新媒体团队需要进行前期宣传，最好能实现"直播开始前就已经有网友进入直播间等候"的效果。

虽然直播前期有必要进行大力宣传，不过需要强调的是，宣传必须有针对性。民宿营销直播与个人直播不同，追求的不是简单的"在线人数"，而是"在线的目标用户数"。

如一款针对 0~1 岁宝宝的婴儿用品直播，必须想方设法吸引宝宝父母进入直播，如果单纯追求在线人数而吸引 5 万大学生观看，从营销目标的角度看没有任何价值。民宿直播也需要吸引到相匹配的目标用户。因此在直播前需要设计有效的直播宣传，以达到民宿营销的目标。

设计直播宣传，可以借助三个关键点进行策划，宣传工作必须围绕关键点的交集进行设计，即活动的平台、喜爱的形式、接受的频率。

首先是活动的平台，即用户通常出现或活跃的平台。不同的网民在互联网上有不同的活动平台，如爱读书的人一般会在豆瓣分享读书心得，爱看小说的人喜欢在起点中文网浏览，碎片化时间比较多的人会利用很短的时间翻看朋友圈或阅读微博。新媒体的种类不下百种，而每种新媒体又包含大量的网站或账号，如果不在用户活跃的平台进行直播宣传，很有可能事倍功半。因此，设计直播宣传，民宿新媒体团队要将研究用户经常活动的平台作为第一个步骤。

其次是喜爱的形式，即用户喜欢观看或阅读的新媒体形式。在形式喜好上，有的人喜欢看图片，有的人喜欢看文字，也有网民更喜欢看视频。新媒体团队需要在直播宣传的第二步对应不同的用户喜好，设计不同的宣传形式。如果用户喜欢看图片，那么可以设计九宫格图或有创意的信息长图；如果用户喜欢看文字，那么可以撰写干货文章或有趣的软文；如果用户喜欢看视频，那么需要拍摄或剪辑相关视频，便于用户浏览。

最后是接受的频率，即用户能承受的最大宣传频率。由于用户在上网时可选择的余地很大，因此过于频繁地刷屏推广，很有可能会被大量用户取消关注甚至拉入黑名单。在用户可承受的最大宣传频率基础上，新媒体团队需要设计多轮宣传。例如，用户能承受"两天一次广告"的频率，那么新媒体团队可以在直播开始前 6 天、前 4 天、前 2 天、直播当天分别进行推广，以达到最优的宣传效果。

以上三个关键点的重合部分即直播前期宣传规划。比如用户活动平台是新浪微博、用户的喜爱形式是短视频、用户接受的频率是一天一次宣传，那么新媒体团队可以将直播前期宣传表述为"以短视频的形式在新浪微博进行连续 6 天的宣传预热"，然后开始分工执行。

思考与练习

一、思考题

1. 请挑选周边的一家民宿，主要围绕年龄、消费层次、兴趣爱好、消费习惯等方面进行客群分析。

2. 某村桃子即将丰收，因为缺乏更多的销售渠道，当地市政府委托你所在的直播机构帮忙策划一场"助农直播"，请你设计一下当天的直播脚本。

二、教学实训项目

实践教学主要内容

与民宿合作，教师带领学生对民宿当地的农特产品进行梳理，利用民宿的自媒体账号，进行一场当地农特产品的直播。

实践教学主要完成过程

实训项目	为当地农特产品做一场直播
实训地点	当地民宿
实训目的与要求	运用本章所学的直播知识，为所选民宿量身定制直播脚本，分组合作，通过民宿自媒体账号进行一场当地农特产品的直播
实训设备及材料准备	相机、手机、电脑等
模拟情境描述	组织学生赴当地某民宿，了解并梳理当地的农特产品，合理上架，进行一场真实的直播带货
模拟训练要求	1. 学生分组，五人一个小组，通过对所选民宿以及民宿所在地的特色调研，挑选一个适合的直播内容方向。 2. 学生分工明确，脚本、设备架构、主播话术、直播运营等步骤明确清晰，步步落实并有记录。 3. 发布后，如实记录发布情况，如观看量、成交量、互动量等，形成总结
任务考核	任课教师、民宿管家、民宿主人就发布后的直播数据等关键数据，对学生的直播场次共同打分，重点考核直播的现场效果、售卖效果、互动数据

第七章
民宿新媒体品牌营销

本章导读

本章主要介绍了民宿新媒体品牌营销的相关内容以及民宿新媒体视觉营销与营销策略的相关知识。通过分析目标客户，认清新媒体品牌营销的发展趋势，以进行更有效的民宿新媒体品牌营销。

学习目标

1. 了解目前民宿短视频品牌营销的现状。
2. 了解民宿新媒体品牌营销的基本策略。
3. 掌握策划并执行民宿新媒体品牌及视觉营销的技能。

思政目标

通过学习学会运用新媒体营销手段,来活化民宿的营销手段,借助互联网手段宣传当地文化以及特色民宿。

思维导图

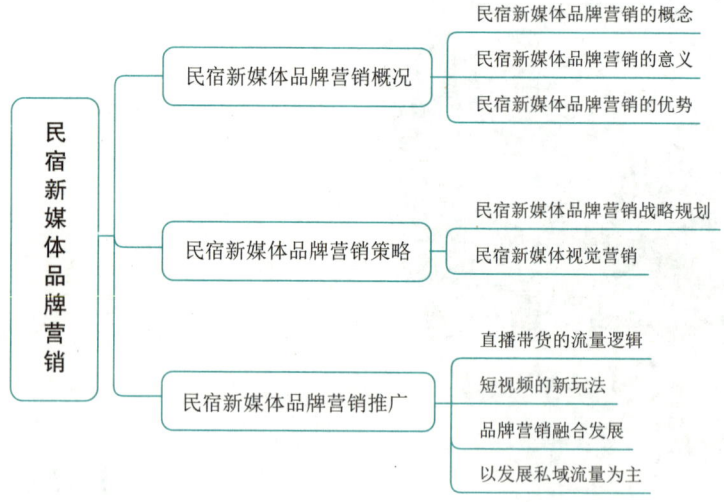

第一节　民宿新媒体品牌营销概况

一、民宿新媒体品牌营销的概念

1. 品牌营销

品牌营销简单地讲，就是把企业的产品和特定形象通过某种手段深刻地映入消费者的心中，具体来说是指企业利用消费者对产品的需求，通过产品质量、文化以及独特的宣传来创造一个品牌并在用户心中得到认可价值，以最终形成品牌效益的营销策略和过程。

品牌营销是通过市场营销运用各种营销策略使目标客户形成对企业品牌和产品、服务的一个认知—认识—认可的过程。品牌营销从高层次上就是把企业的形象、知名度、良好的信誉等展示给消费者或者说在消费者心目中形成对企业产品或者服务品牌的形象，这就是品牌营销。

品牌营销的关键点在于为品牌找到一个具有差异化个性、能够深刻感染消费者内心的品牌核心价值，让消费者明确、清晰地识别并记住品牌的利益点与个性，这是驱动消费者认同、喜欢乃至爱上一个品牌的主要力量。

品牌营销的前提是产品要有质量上的保证，这样才能得到消费者的认可。品牌是建立在有形产品和无形服务的基础之上。其中，有形是指产品的新颖包装、独特设计及富有象征吸引力的名称等。而服务是在销售过程当中或售后中给予消费者满意的感觉，让其体验到真正做"上帝"的幸福感，让其始终觉得选择买这种产品的决策是对的，也就是"买得开心，用得放心"。纵观民宿市场行情，以现在的技术手段推广来看，目前的民宿产品质量其实相差不大。从消费者的立场看，他们看重的往往是企业所能提供的服务多寡和效果呈现；从长期竞争来看，建立品牌营销是民宿企业长期发展的必要途径。对民宿企业而言，既要满足自己的利益，也要顾及消费者的满意度，注重双赢，从而赢得消费者的长期青睐。

品牌不仅是企业、产品、服务的标识，更是一种反映企业综合实力和经营水平的无形资产，在竞争中具有举足轻重的地位和作用。对于一个企业而言，运用品牌，操作品牌，是赢得市场的重要策略之一。

2. 民宿行业品牌营销现状

民宿是一种非常依附于旅游资源的住宿产品，多布局于热门旅游目的地。目前我国民宿正以 10%~20% 的速度增长，风头正劲，但同质化现象也严重，集中扎堆于景区周边，靠景区带动消费，没有稳定客源。另一方面，民宿的预订率不高，有些民宿企业不懂营销和运营管理，导致投资回报率低。

综合看来，目前民宿品牌营销存在以下几个痛点：

（1）品牌形象单一且趋同

民宿品牌的"一窝蜂"和"概念风"现象比较严重。比如某家民宿在社交媒体上火了之后，立马会有一众效仿者，无论是装修还是品牌视觉形象，都很接近，缺乏自己的特色。

（2）民宿品牌意识不强

很多民宿主认识不到品牌的重要性，认为只要注册商标就万事大吉，没有把品牌当成一项不可或缺、长期维护的系统工程，从而不断加强对品牌的塑造。

（3）品牌化运营经验不足，低品牌化导致客人黏性低

品牌化运营是赢得消费者信任的基础。为什么星级酒店集团一般会给人信任感，很大程度上是因为有品牌化的运作。当买卖双方的信息不对称，或买家完全对到访地信息缺乏了解的时候，这时候品牌信誉背书就很重要，一个相对放心的品牌，即使是新店，很多消费者也会选择，这很大程度是因为之前该品牌在酒店/民宿界的成功品牌运作，为其赢得了消费者的信任感。比如开元酒店集团，近年来下沉到民宿市场，利用自身品牌在酒店业的影响力，打造了专门的民宿品牌——开元颐居，以养生、休闲、隐逸、情怀为主题，在基于开元酒店服务的标准之上，更关注生活品质，追求精神生活，注重养生，讲究品位，富有文化气息。而善于运作品牌的酒店集团的介入，让民宿从业者也感觉到了重重危机。

二、民宿新媒体品牌营销的意义

企业的生存之道，要紧紧围绕企业品牌推广策略选择营销方式，网络时代也为企业品牌的发展提供了更广阔的空间，提供了全新的传播形式，尤其在 WEB2.0 时代，网络已经成为品牌口碑传播的阵地。一个优秀品牌的建立

不但要有知名度，同时还要有美誉度。信息化时代，要使品牌被消费者熟知，就要尽力让自己的产品和服务多在新媒体平台上进行传播与营销。

品牌营销的实现对企业具有非凡的意义，具体体现在以下几方面：

1. 力量最大化

通过共享让各个参与者成为利益攸关方，不再事不关己、高高挂起，由过去的品牌持有人独自发力转变为利益攸关方共同发力，营销的推力和需求的拉力方向一致，根据力学合成原理，最终的力量自然最大。

2. 效率最大化

由于利益攸关，从过去不关心销售转变为现在共同关注，使被动营销转化为主动营销，利益攸关方能够更加积极对待工作，自然用工最省、效率更高。尤其是过去对品牌漠不关心的消费者成为品牌利益攸关方之后，各项调查、研发和营销工作不再隔靴搔痒，效率自然无法比拟。

3. 风险最小化

由利益攸关方共同承担市场风险，各自担当的风险自然最小。尤其是消费者的积极参与互动，适销对路的产品开发最容易实现，同时由于大家利益相对一致，容易拧成一股绳，内耗风险系数也大大降低。

4. 费用最小化

在每个营销节点上，由原来品牌持有人支付费用转变为各利益攸关方自行支付费用，由过去品牌经营者独自控制费用转变为各利益攸关方自行控制费用，从而使各利益攸关方获取更多、更合理的利益。

三、民宿新媒体品牌营销的优势

1. 有助于企业适应市场，满足消费者需求

随着经济的发展和生产力的提高，经济市场也逐渐从卖方市场转向买方市场，在供过于求的情况下，消费者具备了"货比三家"的现实条件。所以，越来越多的企业有了品牌意识，也认识到在消费者日趋主动的市场环境里，唯有实施品牌战略才可能占领市场。

2. 有助于提高企业的整体素质

品牌产品是企业科技水平、管理水平、营销水平的综合体现。品牌创造的过程有助于企业提高产品质量的总体水平和管理素质、技术素质、人才素

质,并加快企业技术升级和产品结构的合理化。

3. 有助于企业在激烈的国际商战中站稳脚跟,在市场竞争中占有优势

随着经济全球化,现代商业竞争的舞台已经由全国扩展到了全球。面对一个个更为强大的竞争对手,企业只有积极谋划,实施品牌营销战略,使得企业品牌在消费者心目中占有一定的地位,形成忠诚度,才可以在激烈的竞争中做到游刃有余,占有一定的优势。

4. 有助于提高企业的效率,风险最小化

品牌营销将被动营销转化为主动营销,企业各种调研和营销工作都共同进行,提高了企业的效率,将内耗的风险降至最低,由品牌经营者独自控制投入费用,可使费用最小化,企业得到更多、更合理的利润。

第二节　民宿新媒体品牌营销策略

视频7-1：
民宿品牌
营销

一、民宿新媒体品牌营销战略规划

(一)品牌营销四大策略

品牌营销有四大策略,即品牌个性、品牌传播、品牌销售、品牌管理。

1. 品牌个性

品牌个性,英文为Brand Personality,简称BP。结合民宿新媒体营销,可以采取包括自媒体频道命名、账号栏目包装(比如首页包装/短视频的片头与片尾)、短视频露出任务的语言设计和特色服饰、标志性声音和画面等方式。

2. 品牌传播

品牌传播,英文为Brand Communication,简称BC。结合民宿新媒体营销,可以采取包括民宿视频/图文广告风格、传播对象、媒体策略,民宿新媒体线上的互动活动、口碑形象等方式。注意在传播上,品牌管理与整合营销传播所不同的是,品牌管理的媒体可以是单一的自媒体,也可是几种媒体组合,这要根据市场需要而决定。

3. 品牌销售

品牌销售,英文为Brand Sales,简称BS。结合民宿新媒体营销,可以采取包括视频/图文/推文的渠道策略、民宿自媒体账号流量的采买、网络事件

行销、自媒体账号的优惠酬宾以及网络团购等新兴的销售渠道等方式。

4. 品牌管理

品牌管理，英文为 Brand Management，简称 BM。结合民宿新媒体营销，可以采取包括自媒体营销的队伍建设、账号推广、账号风评控制、账号 SEO 排名管理、账号运营激励机制等方式。

（二）品牌营销五大要素

从一般意义上讲，产品竞争要经历产量竞争、质量竞争、价格竞争、服务竞争到品牌竞争几个方面，前四个方面的竞争其实是品牌营销的前期过程，也是品牌竞争的基础。从这一角度出发，要做好品牌营销，以下五方面不可等闲视之。

1. 质量第一

民宿的任何产品，其旺盛的生命力无不来自稳定、可靠的质量。消费者一旦认可一种品牌，其购买和消费的行为将有可能是长期的。相反，如果有失败的经历，那很有可能从此再也不会光顾这家民宿。

2. 诚信至上

"人无信不立"，同理，品牌失去诚信，终将行之不远。一些知名的民宿名牌为什么能在民宿林立的市场大受欢迎，除了产品的市场属性和生命周期等因素外，更重要的原因就是靠脚踏实地、以诚信为本，而不是靠华而不实的广告吹嘘和虚拟概念来炒作。

3. 定位准确

市场定位是整个市场营销的灵魂。成功的品牌都有一个特征，就是以始终如一的形式将品牌的功能与消费者的心理需要连接起来，并能将品牌定位的信息准确传达给消费者。市场定位并不是对产品本身采取什么行动，而是针对现有产品的创造性思维活动和潜在消费者的心理采取行动。因此，提炼对目标人群最有吸引力的优势竞争点，并通过一定的手段传达给消费者，然后转化为消费者的心理认识，是品牌营销的一个关键环节。

4. 个性鲜明

一个真正的民宿品牌，一定要在充分体现其独特个性的基础上赢得目标群体较为稳定的忠诚度和专一偏爱。准确提升民宿诚信指数，成为品牌营销的着力支点。

5. 巧妙传播

在同质化的市场竞争中，可通过传播创造出差异化的品牌竞争优势。现在品牌的创立已经不像以前那么简单了，除了需要前述四个方面作坚实基础外，与独特的产品设计、优秀的广告创意、合理的表现形式、恰当的传播媒体、最佳的投入时机、完美的促销组合等诸多方面都是密不可分的。

（三）树立品牌

视频 7-2：民宿品牌的打造

品牌是符号，是浓缩民宿企业各种重要信息的符号。要把民宿企业的信誉、文化、产品、质量、科技、潜力等重要信息凝炼成一个品牌符号，着力塑造其广泛的社会知名度和美誉度，"烙印"到公众心里，使产品随品牌符号走进消费者心里，这个过程就是打造品牌。品牌附加值不是按照投资额推算的，一般强势品牌都是低投入、高收入，其所带来的高额利润，会多倍超出市场平均水平。品牌是形象，是信誉，是资产，是衡量企业及其产品社会公信度的尺度。品牌竞争力也是企业的核心竞争力。经济全球一体化，市场激烈竞争情况下，企业竞争很大程度上取决于品牌竞争，为此必须树立打造品牌的意识。企业品牌的打造需要经历以下几个步骤：

第一步：分析行业环境，寻找区隔概念。从市场上的竞争者开始，分析其在消费者心中的大概位置，以及他们的优势和弱点，找出一个使自己与竞争者区别开来的概念。

第二步：卓越的品质支持。以质量为根本树立企业形象。这里所指的质量，包括工程质量、文化质量，还有物业管理质量等。

第三步：整合、持续的传播与应用。企业要靠传播才能将品牌植入消费者心里，并在应用中建立自己的品牌。另外，在每项企业传播活动中，都要尽力体现出品牌的概念。

二、民宿新媒体视觉营销

（一）视觉营销的概念

视觉营销（Visual Merchandising），是营销技术的一种方法，更是一种可视化的视觉体验，通过视觉设计达到产品营销或品牌推广的目的。

为便于理解，这里我们将其称为通过视觉的冲击和审美视觉感观提高顾客潜在兴趣，以达到产品或服务的推广目的。

（二）民宿新媒体的视觉营销

民宿新媒体的视觉营销，可以通过有效的视觉包装，将民宿的自媒体进行视觉赋能，以达到更好的营销效果。

新媒体时代做好视觉营销尤为重要。"看起来真好吃！"明明是味觉的反应，却通过眼睛来评价，因为人有80%以上的信息都是透过视觉来搜集，并用记忆来评价和认知事物。这个道理应用在新媒体营销上，就是透过视觉元素，增加消费的吸引力，也就是"视觉营销"。

在5G互联网时代，信息的接收效率和传播速度，已经成为营销制胜的法宝之一。人们对审美和视觉的需求逐日增加，图文并茂的新媒体已成为一种常态，新媒体需要设计，各大新媒体平台也需要设计进行赋能。试想一下，当人们点开一家民宿的新媒体主页，例如抖音平台或者小红书平台的时候，看到的是整齐划一的视频封面、高质量的民宿影像，有了很好的视觉感官体验，那从视觉转化到消费的冲动就会激增，从线上到线下的转化率也会提高。打个比方，客人有了初次的入住，对喜好摄影的客人，可以举办摄影大赛。参加比赛的客人有特别的入住优惠，也可以进行评选，对获奖的客人民宿企业除提供奖金与入住费以外，还可以购买其获奖作品与个人代表作品，在自媒体渠道上展出。这种利用人性"自重感"的营销方式，也能达到更好的用户传播效果。

（三）民宿新媒体视觉营销

1. Logo的视觉影响

通常，Logo的组成元素一般分为图形（例如奔驰、大众等车标）、文字（例如可口可乐、LV等品牌）和图文结合（例如星巴克、KFC等品牌）三种形式。

Logo要易于识别。对于受众来说，他们在新媒体中获得的信息很多，Logo只有具备容易识别、特点鲜明、意义深刻或造型独特等特点，才能在众多视觉信息中脱颖而出，区别与其他竞争者，给人留下深刻印象。

Logo是民宿品牌外在视觉形象的代表，除了具备识别性和唯一性外，还应该展现出品牌的文化、内涵及理念等，以将品牌的这些信息传递给受众，建立起受众对品牌形象的印象。正如小米的品牌Logo，将其倒过来就是少了一个点的"心"字，这也体现了小米让受众省心，为受众贴心服务的品牌理念。

Logo要易于传播。第一，Logo大小要合适。Logo常以图形的方式出现，不管是Logo图片的尺寸大小，还是Logo图片的文件大小都要适当，既不能太小让受众看不清Logo的内容，又不能太大不利于受众加载浏览或下载、转发。第二，借助品牌或产品信息。有些品牌直接使用品牌名称的拼音、汉字、英文来作为Logo，或融入品牌广告语来进行Logo设计，抑或加入民宿的商品信息，比如房间描述或体验描述。

对于民宿来说，在新媒体频道上要想被受众快速记住，或者与别家民宿区别开来，在新媒体上也需要有自己的符号，既可以展现频道头像，又可以树立民宿品牌在新媒体渠道上的格调。一些简洁的中式元素、房屋外形元素、汉字的变体与相关的字体设计，都可以成为一个好看、好用的Logo创意灵感。

图7-1　一些品牌Logo设计

2. 开屏广告图视觉营销

开屏广告图具有广告形式多样、关注度高、定位准确、曝光率高、支持落地页跳转等优势。按照广告位尺寸，开展广告图可分为全屏式开屏广告图和底部保留式广告图；按照广告目的，可分为品牌宣传、形象塑造和品牌推广、促销活动、产品宣传；按照交互方式，可分为静态可交互开屏广告图和动态可交互开屏广告图。不管如何分类，开屏广告图一般都有品牌Logo、图片展示、文案主题、引导按钮等元素组成。一般，民宿企业在进行开屏广告图营销时，需要注意以下几点：

第一，民宿在使用开屏广告图视觉营销时要融入品牌，推广民宿文化。有一定知名度的品牌可以直接添加品牌名称或 Logo，因为品牌已有知名度，品牌名称和 Logo 本身就是对品牌理念、民宿文化等内容的展示，受众在看到这些元素时自然会联想起品牌的相关信息，进而达到传播品牌、强化品牌印象的目的。

第二，开屏广告图视觉营销要融入热点，吸引眼球。热点本身具有广泛的受众基础和较高的普及度及讨论度，如果融入热点可以很好地利用其优势，快速吸引受众目光，加深受众对广告内容的印象。但要注意，因开屏广告图的展示时间短、画面空间有限，在进行开屏广告图的设计时，要尽可能提炼热点的热门关键词来吸引受众。

第三，开屏广告图视觉营销要添加人气新品引流。一般实力雄厚的企业在开发新品到推出新品的整个过程中，会针对新品进行前期的造势，这样新品被开发出来后就会自带流量，有一定的人气受众基础，再通过开屏广告图进行新品推广时，就可以直接通过新品相关的文案、图片或活动来为商品引流。

3.推广海报图视觉营销

推广海报图的视觉一般有文案、图像、装饰、背景等元素组成。在运用推广海报图视觉营销时要突出利益"敏感"词，提升受众对推广海报图传递信息的兴趣，进而产生点击行为，激发受众的后续行为。一般，在进行推广海报图视觉营销时要注意以下几点：

其一，推广海报图视觉营销可使用明星引发粉丝效应。有实力并与明星有合作的企业，在进行图片视觉营销时，可根据合作内容在推广海报图中使用明星的名字或者肖像来吸引粉丝的关注，通过明星的粉丝来为引流造势、推广宣传。

其二，推广海报图视觉营销要通过品牌标识彰显实力。除了民宿品牌 Logo 外，品牌名称、品牌口号、品牌字体、品牌商品等都是品牌标识的表现方式，可以灵活选择最具代表性的品牌标识元素来进行推广海报图的视觉营销。

其三，推广海报图视觉营销要使用口号以加强传播。在推广海报中使用口号，比如民宿的 Slogan，可以将口号传递给受众，加强受众对品牌的印象。为达到良好的口头传播，应注意口号的语言风格要简单明了、通俗易懂、朗朗上口，同时口号的视觉设计也要符合推广海报图的风格。再者，口号应具有统一性和长期性，即不同子品牌应保持民宿文化、理念的统一性，在符合统一性的前提下根据具体情况可有所区别。

4. 封面图的视觉营销

在使用封面图进行视觉营销时，应注意以下几方面：

第一，封面图的视觉营销画面要简洁大方。从视觉角度来说，封面图的尺寸一般较小，不适合在画面中放太多的内容，以免信息堆积产生负面影响。

第二，封面图的视觉营销要融合正文主题。高质量的封面图应该能很好地融合正文主题，在保证美观性的同时精练概括正文内容，减少受众对目标信息的识别筛选，进而更准确地吸引目标受众。

第三，封面图的视觉营销要体现创意。在封面图中加入透明色块，在不影响整体视觉表现的前提下可增加封面图的美观度和创意度；简单的线条和图形设计可以凸显主题，增加封面图的视觉效果；对封面图中的文字进行创意设计，可提升封面图的整体视觉张力；通过添加边框或建立框架，可以强调封面图的视觉重点，加强封面图的视觉聚焦点。

第四，封面图的视觉营销要描绘场景。鉴于封面图的特点，使用场景描绘的方式可以更好地展现营销信息，给受众沉浸式的情景体验。场景可以是和主题相关的某个具体画面，以更好地引起受众的代入感，建立内容在受众心中的印象。

对于民宿来说，可以利用自己的特色来设计封面图，从而牢牢抓住受众的目光。如果民宿的建筑有特色，可以主打建筑美图；如果民宿的客房或服务有特色，就主打细节和局部图。新开的民宿也可以在封面上"借势"，诸如"三个你去了一次就忘不掉的民宿""杭城必打卡的 8 家民宿"等，将自己的民宿和一些小有名气的民宿，进行一个新媒体内容的绑定，"借势"引客，以达到吸引新客的作用，而且用这样的方式，也可以显得比较"软性"，可最大程度地减轻生硬的广告感。

图 7-2　民宿封面图视觉营销案例

5. 民宿新媒体短视频视觉营销

在当先的流量市场中，短视频"异军突起"，促使用户时间与注意力重新分配，制造了一波流量"新红利"，也为广告主创造了营销新机会。

短视频营销因制作成本低廉、目标精准、用户互动+主动，加上传播速度快且范围广等特点，使其覆盖发展呈直线性的上升趋势。作为内容形式的一种，短视频因生动形象，而且交互简单、沉浸度高，受到越来越多广告主的关注，并且随着短视频商业化的不断深入，在玩法探索与创新层面，也呈现出了越来越多的可能性。

短视频平台，不止是一个内容消费平台，其价值也不仅仅是品牌信息的展示，更是一个社交平台，品牌与用户充分互动，激活了更深层的互动价值。

目前，短视频受到全民热捧，其核心在于"参与感"，用户消费短视频不再是单向观看，而是双向互动；用户双手不再闲着，而是不断地上滑下拉、点赞评论、互动转发；用户通过搜索、发现、位置等功能，主动探索心之所好。

对于品牌而言，通过这种强互动的连接方式，调动用户的参与感，提升品牌交互力，并激发用户的社会化裂变式传播力，已成为品牌有效抓住用户注意力、升级营销效能的重要方式。比如民宿非房产品的售卖，一般是地方特产，在宣传文案中可打造乡村美好生活氛围与方式主题，然后引入到产品上，利用用户"诗和远方"的追求，尽可能把用户的感受带入宣传中，刺激用户的内心情感，从而促进消费。

常见的短视频营销有以下几种方式：

情感共鸣定制式营销。这是很多企业和公司常用的一种方式，同样也可以运用于民宿行业。具体操作是主要借助社会上的一些热点来进行传播，但这种传播不是简简单单的短视频宣传，而是借助短视频引发用户情感共鸣与反思，多角度、深层次地向大众传递民宿相关信息，从而提高大众对民宿的认同感。

场景沉浸体验式营销。很多消费者都比较关注产品的特性，所以有的民宿主会喜欢通过自己民宿产品的特性去塑造特定的场景，以增加民宿产品的趣味体验，从而激发用户的购买欲。实际上这种方式就是让用户可以提前感受产品所带来的益处，让用户认识到产品的优势，然后实现产品重要特性的趣味传递。

网红广告植入式营销。这种营销模式主要是借助网红的粉丝来进行推广，通过网红发布视频口播、贴片广告等内容，以引起粉丝的广泛传播，从而吸引受众消费，达到民宿短视频营销的目的。对于民宿主来说，如果利用网红营销，那需要提炼诸如"本地生活""试睡员""探店主播"等几个关键性的tag（标签），以引起受众的特别关注，然后通过视频效果、博主背书、roi（投入产出比）等来综合判断是否需要经由网络红人来进行植入式营销。以抖音为例，搜索民宿，关联词汇可以有"小院""城市""探店""客栈"等词汇，民宿从业者在创作短视频时，可以与搜索的联想词汇强关联，以达到更好的短视频宣传效果。

图7-3 可搜索"民宿"强关联词

第三节　民宿新媒体品牌营销推广

新媒体营销的快速发展，不仅改变了消费者接触新媒体的习惯，也改变了企业的营销模式。分析和掌握民宿新媒体品牌营销的发展趋势，也利于民宿相关工作的开展。这里，总结了时下比较流行的新媒体品牌营销推广方式，以供大家参考学习。

一、直播带货的流量逻辑

直播带货，更多展现出来的是流量逻辑，这与互联网时代的逻辑是相通的。换句话说，直播带货是互联网时代的产物，它的本质依然是流量思维和平台逻辑。目前，直播带货进入以产品为主导的发展期。直播带货更多地承担的是一个桥梁和纽带的角色，它的一端连着消费者，另外一端连着企业。直播带货的功能和作用将会从收割流量的角色，真正蜕变成为辅助产业的角色。民宿借助自身的品牌打造，可以很好地利用直播展示自身的优势和特色，从而实现民宿产品的销售。

二、短视频的新玩法

借助短视频平台和视频达人的粉丝影响力，可以带动民宿粉丝的参与，进而感染到目标人群。不妨适当地邀请相关人员出席民宿组织的线下体验活动，除了大家熟知的活动现场直播外，可针对直播内容或者线下活动的其他精彩项目，进行内容剪辑，形成一段展示民宿精彩内容的短视频在线上进行二次传播，这也是目前短视频的一种玩法。

三、品牌营销融合发展

线上营销和线下营销都有其各自的优势，也分别有其缺陷。很多时候民宿企业往往只关注一种营销方式，而忽视另一种营销方式，实际上线上和线

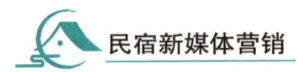

下营销可以结合起来互取所长、互补所短,让营销取得更好的效果。网络营销与传统营销也不是对立的关系,两者可以相辅相成。线上的潜在客户和线下的潜在客户对企业同等重要。两者相互引导,线下的宣传可以引导客户群体关注线上的营销渠道,如民宿的网站等,而线上的宣传也可以引导客户在线下购买产品,让客户自主选择适合自己的消费方式。

单纯的线下推广或者是线上推广,都有太多局限性,只有做到整合,才能解决相关矛盾点。除此之外,也要利用朋友圈、抖音、快手等全媒体平台来进行一个精准的曝光引流,再通过线上和线下的结合载体,以及短视频方式等方式进行营销。这样不仅能有效改善传统线下广告投放方式的诸多问题,又能与线上相结合,可很好地提升推广及宣传效果。

四、以发展私域流量为主

私域流量是指单一个体(企业或个人)在特定渠道拥有的,能够直接触达、无需付费、反复利用的访问用户量。它与公域流量是一组相对的概念,公域内的全部流量隶属于公域平台方或主体方,公域内的单一个体(企业或个人)只能触达部分流量用户,且通常需要支付一定费用。而打造私域流量池的本质是建立一个具有较强关系链的客户群。民宿品牌营销的发展也融合了更多形式,以广告为主的传播渠道正在拓宽,内容也更加多元。广告作为品牌宣传策略的重要手段,其形式随着品牌营销的发展而更加丰富。

互联网技术的发展可以说降低了民宿企业营销推广的门槛,但消费场景的碎片化,以及海量的产品服务信息让一部分民宿企业粗放式的营销效果大打折扣,民宿获客成本持续攀升,不断侵蚀企业利润,而发展私域流量就是一种突破的方式和方法,它可以助力民宿企业实现精准营销。

思考与练习

1. 在同质化竞争激烈的今天,新媒体的营销方式也越来越多,如何运用差异化营销方式,使一家民宿在新媒体营销方面与众不同?

2. 请为莫干山脚下的某家民宿,设计一套新媒体品牌视觉营销的整体方案。方案应涵盖短视频主页封面、视频封面、人物视觉、话术等内容。

【实训项目】

实践教学主要内容

与当地民宿合作,教师带领学生考察该民宿,总结归纳出营销重点,以视觉营销为例,尝试为该民宿做一个新媒体账号的营销方案。

实践教学主要完成过程

实训项目	为民宿做一个自媒体账号的栏目包装
实训地点	当地某民宿+教室
实训目的与要求	运用本章所学的新媒体营销知识,以视觉营销为重点,为所选民宿量身定制一个新媒体账号,并制订该账号适合的账号栏目视觉风格
实训设备及材料准备	相机、手机、电脑等
模拟情境描述	当地有一家民宿,在建筑风格和客房装修上颇有特色,但苦于没有新媒体营销渠道,所以还没有"破圈"知名度,现受民宿主的委托,请师生团队为该民宿包装一个自媒体账号
模拟训练要求	1.学生分组,五人一个小组,通过对所选民宿以及民宿所在地的特色调研,挑选一个适合的频道视觉方向 2.学生分工明确,写方案、找图、做图、搭建账号等步骤明确清晰,步步落实并有记录 3.发布后,如实记录发布情况,如观看量、成交量、互动量等,形成总结
任务考核	任课教师、民宿管家、民宿主根据发布自媒体账号视觉效果,对学生的提案共同打分,重点考核视觉特点、视觉一致性

参考文献

[1] 白榕.网络新媒体发展现状及问题分析[J].新媒体与新媒体应用管理研究,2009(9).

[2] 卜卫.网络对大众传播的影响[J].国际新闻界,1998(4).

[3] 陈刚.新媒体与广告[M].北京:中国轻工业出版社,2002.

[4] 高佳义.发挥网络传播优势提升国际传媒竞争力[J].魅力中国,2009(8).

[5] 宫承波.新媒体概论[M].北京:中国广播电视出版社,2009.

[6] 官建文.新媒体需要新"把关人"[J].对外大传播,2007(1).

[7] 郭平,樊亚平.数字化对媒体内容监管的冲击和挑战[J].兰州大学学报:社会科学版,2008(5).

[8] 蒋宏,徐剑.新媒体导论[M].上海:上海交通大学出版社,2006.

[9] 景东,苏宝华.新媒体定义新论[J].新闻界,2008(3).

[10] 匡文波.新媒体是主流媒体吗[J].国际新闻界,2011(6).

[11] 刘文章.网络媒体的传播优势和局限[J].新闻世界,2009(2).

[12] 麦奎尔.大众传播理论[M].北京:清华大学出版社,2010.

[13] 童兵.理论新闻传播学导论[M].北京:中国人民大学出版社,2000.

[14] 席伟航,霍志静.政府参与新媒体管理的动因和原则:以互联网为例[J].中国记者,2006(2).

［15］夏源.新媒体政府规制研究［D］.杭州：浙江大学，2012.

［16］谢新洲.网络传播理论与实践［M］.北京：北京大学出版社，2004.

［17］邢长敏.论新媒体定义重构［J］.新闻爱好者，2009（10）.

［18］喻国明.解读新媒体的几个关键［J］.广告大观，2006（5）.

［19］仲志远.网络新闻学［M］.北京：北京大学出版社，2002.